－－－－－－－－ 经济转型与创新发展论丛

转型时期中国农户借贷行为演变研究

——基于变迁与分化视角

杨向阳　童馨乐　著

U0650442

南京大学出版社

图书在版编目（CIP）数据

转型时期中国农户借贷行为演变研究：基于变迁与
分化视角 / 杨向阳,童馨乐著 . —南京:南京大学出版
社,2013.11
　　ISBN 978 - 7 - 305 - 12448 - 8

Ⅰ. ①转… Ⅱ. ①杨… ②童… Ⅲ. ①农户-借贷-
研究-中国 Ⅳ. ①F832.43

中国版本图书馆 CIP 数据核字(2013)第 272425 号

出版发行　南京大学出版社
社　　址　南京市汉口路 22 号　　邮　编　210093
网　　址　http://www.NjupCo.com
出版人　左　健

丛书名　经济转型与创新发展论丛
书　　名　转型时期中国农户借贷行为演变研究——基于变迁与分化视角
著　　者　杨向阳　童馨乐
责任编辑　耿　奇　王抗战　　　　编辑热线　025 - 83592193
照　　排　南京紫藤制版印务中心
印　　刷　常州市武进第三印刷有限公司
开　　本　880×1230　1/32　印张 6.875　字数 178 千
版　　次　2013 年 11 月第 1 版　2013 年 12 月第 1 次印刷
ISBN 978 - 7 - 305 - 12448 - 8
定　　价　32.00 元

发行热线　025 - 83594756
电子邮箱　Press@NjupCo.com
　　　　　Sales@NjupCo.com(市场部)

本书为江苏高校优势学科建设工程资助项目(PAPD)、南京财经大学现代服务业协同创新中心、江苏高校人文社会科学校外研究基地"江苏现代服务业研究院"、江苏省教育厅高校哲学社会科学研究项目(2010SJD790011)和江苏高校"青蓝工程"优秀青年骨干教师资助项目的阶段性研究成果。

书　　名：转型时期中国农户借贷行为演变研究
　　　　　——基于变迁与分化视角
作　　者：杨向阳　童馨乐
出版社：南京大学出版社

前　言

　　农户是中国农村经济的微观基础。中国的基本国情决定了农户无论是过去、现在和未来，都将在农村社会经济发展中具有十分特殊而重要的地位。因此，深刻把握农户经济行为特征，特别是农户借贷行为的基本特征，由此研究其对农户的有效金融需求将会产生何种影响，将是今后中国农村金融改革和发展的重要依据。"三农问题"是影响中国经济发展和社会稳定的重要问题，其中农民增收是核心，但长期以来没有得到根本解决。当前中国农民增收受到多种因素的限制，十分复杂。就农户生产经营行为而言，资本匮乏是关键因素之一，导致农户难以有效把握投资机会，扩大生产经营，实现收入增长；同时，也难以有效整合土地、劳动力、技术等资源，实现农户家庭资源优化配置。目前中国正处在由计划经济体系向市场经济体系的转型时期，包括融资机制在内的市场经济体制正在建立和完善。农业由传统农业向现代农业过渡，农业经营模式逐步由农户小规模经营向家庭农场和较大规模经营过渡。但由于长期以来形成的中国土地制度、劳动制度、社会保障制度等因素的制约，从根本上打破城乡二元结构将要经历一个比较长的过程。因此，可以预见，中国农业生产经营主体在相当长一段时期内仍将以分散的小规模农户为主。

　　持续多年的中国农村金融改革完善了农村金融组织体系、农村金融机构的管理体制，特别是对农村资金借贷利率、借贷管理的改革极大地推动农村金融发展，但农村经济发展中的金融抑制特征仍然较为突出，农户借贷难问题仍然较为普遍地存在。造成这种局面的根本原因在于：这些改革都是单纯地为金融深化而深化金融，改革之路势必会越走越窄。因此，必须从农村金融需求的主体——农户，以及农户金融需求的难点——农户借贷入手，才能有效推进农村金融改革，促进农村金融深化。中国作为加速转型的发展中国家，政治经济改革已经对高度整合的农村社会结构产生明显影响。无论是以往的道义小农或是理性小农，或者是黄宗智的内卷化都不能对中国现行经济发展水平下的小农进行最准确的定位：以传统的中东西部作为分区，或者以传统农区和东南沿海农区作为分区来研究，可以发现，不同区位的农户已经形成不同的农户特征。一般来说，在传统农区或者经济发展较为落后的地区，农户行为中道义小农的成分更高，但是随着本地区劳务输出而接受到的新观念，使得即使经济没有特别大的改善，但是也逐步向理性小农的方向发展。而在商业化氛围较浓的东南沿海地区，特别是江浙地区，农户行为更多地解释为理性小农，但是由于农民本身的特殊生活环境，受到的传统教育等，其行为特征中依旧具有道义小农的特质。

随着农村社会分化的加速，农户作为农村经济的重要主体必然反映农村社会的变化，而农户借贷行为作为历史变迁的延续，也有自己的发展规律，只有从历史和现实的双重角度才能准确把握农户借贷行为特征。本书的研究意义在于：一方面，立足中国农村经济和金融改革过程中农户行为变化的基本事实，以经济金融中最为关键的资本为分析视角，从理论上阐明资本对农户借贷行为变迁与分化的作用机制，并进行相应的经济学分析和解释，为探索中国未来农村金融发展方向和深化农村金融改革提供理论基础；

另一方面,本书运用翔实的农户调查数据,比较全面地考察中国农户借贷行为的变迁趋势和分化特征,由此建立计量经济模型对理论分析进行相应的实证检验,并立足农户借贷行为分化这一现实背景,为构建自下而上的农村金融改革路径和政策设计提供经验依据,由此促进农户借贷难问题的解决。

本研究的总目标是以转型时期为基本背景,从理论和实证两个层面考察农户借贷行为变迁与分化的作用机制,为构建自下而上的农村金融改革路径与政策设计提供依据,最终促进农户借贷难问题的有效解决。具体研究目标包括:(1)从理论上阐明农户类型由道义小农向理性小农转变,由此促进农户借贷行为变迁与分化过程中的作用机制,并随着资本积累量的提高,在长期形成农户类型转变和实现自我发展的动态良性循环。(2)立足改革以来中国农村地区的现实,描述转型时期农户借贷行为的变迁趋势与分化特征,由此验证在资本拥有量不断上升的过程中,农户类型是否发生显著变化,以及农户借贷行为是否发生明显变迁和分化。(3)运用微观层次的农户面板数据和截面调研数据,构建计量经济模型,从实证层面检验转型时期中国农户借贷行为变迁和分化的一般机制,从而为探索改善农户资本条件的外部政策和市场环境提供严格的经验依据。(4)根据理论研究和实证分析结论,围绕转型时期中国农户借贷行为变迁与分化的基本特征,在反思过去农村金融改革和当前农村金融政策设计不足的基础上,指出今后中国农村金融改革政策的调整方向,并由此提出相应的政策建议。

为了达到上述研究目标,本书研究的核心内容是以全国八个省份农户实地调查数据和农村固定观察点办公室公布的微观农户调查数据为基础,从理论分析和实证检验两个层面,深入研究转型时期中国农户借贷行为演变过程中的变迁与分化问题。与此相对应,本书的研究内容主要包括以下五个部分:(1) 转型时期农户借贷行为变迁与分化的理论分析。该部分主要讨论两个方面:一是考察物质资本对农户借贷行为变迁与分化的作用机制,从变迁视角分析农户资本与农户投资方式的关系,从分化视角分析农户资本与农户借贷行为的关系;二是考察社会资本促进农户资本积累和改善农户借贷环境的作用机制。最后,在上述理论分析的基础上,提出拟验证的研究假说。(2) 转型时期农户借贷行为变迁趋势分析。该部分以 1986—2009 年全国农村固定观察点农户微观调查数据为主要数据来源,在简要描述农户基本情况变化的基础上,从全国和区域层次分析农户年末借贷结存规模、借贷用途和借贷来源的演变情况,由此归纳和总结转型时期中国农户借贷行为变迁的演进特征和变化趋势。(3) 转型时期农户借贷行为变迁的实证检验。该部分运用区域层次的农户面板数据,构建计量经济模型,对理论分析所提出的研究假说 1 进行实证检验,并从物质资本和市场化视角对农户借贷行为变迁进行相应的分析和解释,由此反思中国农村金融改革政策的不足,为今后调整和优化农村金融改革政策指明方向。(4) 农户借贷行为分化的特征性事实。该部分首先交代农户抽样调查设计情况,由此借助全国八省实地调查数据描述农户个体和家庭基本情况,在此基础上,从全国层次分析农户借贷行为分化特征,并进一步考察不同类型农户借贷行为的分化情况。(5) 农户借贷行为分化的实证检验。该部分运用全国八省农户实地调查数据,构建计量经济模型,对理论分析所提出的研究假说 2 进行实证检验,并从物质资本和社会资本双重视角对农户借贷行为分化进行相应的分析和解释,由此反思当前中国农村金融市场供给结构的缺陷,为制定和完善农村金融市场的政策设计提供实证依据。

总体来看,本研究立足中国农村地区现实情况,比较深入地从理论和实证两个层面研究转型时期中国农户借贷行为的变迁与分化问题,努力对既有研究成果做进一步拓展,并在以下三个方面有所创新:第一,本书在研究对象上,将农户作为基本研究对象,但在具体研究过程中,并非简单地将农户区分道义小农和理性小农,而是将农户作为整体,遵循由道义小农向理性小农转变的演化路径,由此研究农户借贷行为的变迁与分化问题。第二,本书以研究内容上,从理论上阐释资本拥有量的提高对农户借贷行为变迁与分化的作用机制,在此基础上,运用全国农村固定观察点数据和农户实地调研数据,具体考察转型时期中国农户借贷行为变迁的一般趋势和农户借贷行为分化的基本特征,由此构建计量经济模型进行实证检验,并进行相应的经济学分析和解释。第三,本书在研究结论上,立足转型时期中国农户借贷行为变迁与分化的现实特点,以解决农户借贷难问题为方向,探索构建自下而上的农村金融改革路径,由此完善三位一体的农村金融体系,促进农村金融市场分层,更加有效地实现中国农村地区借贷双方的供求对接。

特别需要指出的是,由于受到研究能力、研究时间、研究条件和手段等方面的限制,本书仍然存在一些不足之处,这主要体现在:一方面,本书在考察转型时期中国农户借贷行为变迁时,主要考察了物质资本的作用,而没有对社会资本的作用进行分析,尽管这主要是受到数据的限制,却可能在一定程度上降低实证分析的解释力,对理论分析的检验尚不够充分,有待作更为充分的论证和经济学分析。另一方面,本书在考察农户借贷行为分化时,遵循理论分析的基本思路,同时考察物质资本和社会资本的作用,但对社会资本的考察主要集中在农户这一微观层次,缺乏对更为宏观层面的农村区域社会资本的分析,研究的系统性有待进一步加强,这些还需要在今后的研究中做进一步探讨。

目 录

第 1 章

导　言

1.1　问题的提出

农户是中国农村经济的微观基础。中国的基本国情决定了农户无论是过去、现在和未来，都将在农村社会经济发展中具有十分特殊而重要的地位。因此，深刻把握农户经济行为特征，特别是农户借贷行为的基本特征，由此进一步研究其对农户的有效金融需求将会产生何种影响，将是今后中国农村金融改革和发展的重要依据。"三农问题"是影响中国经济发展和社会稳定的重要问题，其中农民增收是核心，但长期以来没有得到根本解决。当前中国农民增收受到多种因素的限制，十分复杂。就农户的生产经营行为而言，资本匮乏是关键因素之一，导致农户难以有效把握投资机会，扩大生产经营，实现收入增长；同时，也难以有效整合农户的土地、劳动力、技术等资源，实现家庭资源的优化配置。目前，中国正处在由计划经济体系向市场经济体系的经济转型时期，包括融资机制在内的市场经济体制的各个方面正在建立和完善。农业由传统农业向现代农业过渡，农业经营模式逐步由农户小规模经营向家庭农场和较大规模经营过渡。但由于长期以来形成的中国土地制度、劳动制度、社会保障制度等因素的制约，从根本上打破城乡二元结构将要经历一个比较长的过程。因此，可以预见，中国农业生产经营主体在相当长一段时期内仍将以分散的小规模农户为主。

信贷约束是发展中国家农村地区的普遍现象（Stiglitz 等，1981），中国农户信贷约束尤为明显，调查资料显示，全国只有27％的农户能获得正规渠道贷款，在有金融需求的农户中，大约40％以上不能获得正规信贷支持①，据程郁等（2010）估计，农户未被满足的信贷需求缺口占到其贷款需求总额的56.72％，这直接影响到农户福利水平的提高。同时，根据农村地区金融机构对农户的贷款数据，截至2010年3月，中国银行业涉农贷款余额约为95900亿元，占所有金融机构全部贷款余额的23％，其中农户贷款余额约为22201亿元，占全部涉农贷款余额的23％，仅占所有金融机构全部贷款余额的5.1％②。从供给视角来看，一方面，由于存在明显的信息不对称，加之缺乏合适的金融产品和信贷技术，正规金融机构通常难以有效甄别农户，为控制信贷风险，往往附加诸多限制，导致相当一部分农户的正常信贷需求无法满足；另一方面，农村非正规金融机构由于具有地域、人际关系、形式灵活等优势，成为部分农户信贷需求的现实选择，从而在一定程度上缓解了农户信贷约束，但民间借贷不同程度地存在高利率、高风险等特征，在缺乏监管的情况下，容易危及农村金融市场的有序发展，近期发生在江苏省泗洪县的案例即是例证③。

---

① 杜晓山，当前农村金融存在四大问题，http：//co. zgjrw. com/News/2010112/ruraleconomics/085348842200. shtml。

② 探索农村金融发展之路仍将是一项艰巨的任务，http：//finance. stockstar. com/JL2010101800000509. shtml。

③ 泗洪17亿民间借贷秘链，经济观察报，2011年8月15日第7版。

持续多年的中国农村金融改革完善了农村金融组织体系、农村金融机构的管理体制，特别是对农村资金借贷利率、借贷管理的改革极大地推动农村金融发展，但农村经济发展中的金融抑制特征仍然较为突出。造成这种局面的根本原因在于：这些改革都是单纯地为金融深化而深化金融，改革之路势必会越走越窄。因此，必须从农村金融需求的主体——农户，以及农户金融需求的难点——农户借贷入手，才能有效推进农村金融改革，促进农村金融深化。中国作为加速转型的发展中国家，政治经济改革已经对高度整合的农村社会结构产生明显影响。无论是以往的道义小农或是理性小农，或者是黄宗智的内卷化都不能对中国现行经济发展水平下的小农进行最准确的定位：以传统的中东西部作为分区，或者以传统农区和东南沿海农区作为分区来研究，可以发现，不同区位的农户已经形成不同的农户特征。一般意义上来说，传统农区或者经济发展较为落后的地区，农户行为中道义小农的成分更高，但是随着本地区劳务输出而接受的新观念，使得即使经济没有特别大的改善，但是也逐步向理性小农的方向发展。而商业化氛围较浓的东南沿海地区，特别是江浙地区，其农户行为更多的解释为理性小农，但是由于农民本身的特殊生活环境，受到的传统教育等，其行为特征中依旧具有道义小农的特质[①]。

随着农村社会分化的加速，农户作为农村经济的重要主体必然反映农村社会的变化，而农户借贷行为作为历史变迁的延续，也有自己的发展规律，只有从历史和现实的双重角度才能准确把

---

① 为了说明的方便，这里重点考虑从农户生产模式角度来划分农户类型，并强调资本对农户类型转变的作用。

握农户借贷行为特征。

本书的研究意义在于：一方面，立足中国农村经济和金融改革过程中农户行为变化的基本事实，以经济金融中最为关键的资本为分析视角，从理论上阐明资本对农户借贷行为变迁与分化的作用机制，并进行相应的经济学分析和解释，为探索中国未来农村金融发展方向和深化农村金融改革提供理论基础；另一方面，本书运用翔实的农户调查数据，比较全面地考察中国农户借贷行为的变迁趋势和分化特征，由此建立计量经济模型对理论分析进行相应的实证检验，并立足农户借贷行为分化这一现实背景，为构建自下而上的农村金融改革路径和政策设计提供经验依据，由此促进农户借贷难问题的解决。

1.2 概念界定与数据来源

1.2.1 概念界定

1. 转型时期

一般认为，转型是一个国家和地区的经济体制、经济结构和经济制度在一定时期内发生的根本变化。本研究讨论的转型时期是指中国经济由传统计划经济体制逐渐向发达市场经济体制过渡的历史阶段，实质上是由一种经济制度向另一种经济制度转变和演化的过程，具体而言，主要是指中国从 1978 年农村经济改革开始以后的这段时间。在这种特定背景下，农户面对的农村地区市场环境、各类金融组织和地方政府行为等，往往会表现出更为复杂的特征，这些特征都可能会在某种程度上对农户借贷行为产生影响。

2. 农户

一般认为，农户是由血缘关系组合而成的一种社会组织形式，按农户实际居住地、所处经济区位、社会地位等的不同，可以划分为不同类型，并具有生产活动与消费活动并存、经济目标与非经济目标并存、理性行为与非理性行为并存、一致性行为与多样性行为并存、农业生产活动与非农生产活动并存等特征（李延敏，2010）。贝克尔（1998）指出，与早期相比，20世纪家庭的组织更松散，作用更小，其根本原因在于政府和市场机制得到充分发展，能够培训和教育年轻人，并保护诸如老人、病人、长期失业者和其他遭受经济灾难的人免遭危险。考虑到研究目标的需要，本书中的农户主要是指农村地区的家庭住户。

3. 农户借贷行为

广义的农户借贷行为比较复杂，涉及多个层面：从借贷资金流向来看，包括向外部借出和从外部借入；从借贷来源构成来看，包括从正规金融机构和非正规金融机构。本书所研究的农户借贷行为，特指农户从外部借入资金，进而获得家庭生活生产所需要的资本这一行为，包括借贷规模、借贷用途、借贷来源、借贷期限、借贷条件等实际表现。

4. 道义小农

根据恰亚诺夫的理论，道义小农的本质是追求风险最小化，并由此延伸出对利益追求的放弃。本书认为，每个农户其实都有追求利益最大化的心理目标。但是由于初始资本量的约束，使其即使面对回报率更高的投资，也没有能力去进行投资，从而出现被迫放弃这种追求和实现利益最大化的机会。因此，从表面来看，这部分农户属于道义小农的定义范畴，即追求风险最小化而放弃追求利益最大化的机会，但是这是其低下的初始资本约束所致。一旦这样的农户通过时间积累或获得外力推动，其资本积累跨过了最初的投资约束后，他们就会实现自我释放，自动转向并实际表现出理性小农的投资方式。

5. 理性小农

舒尔茨（1964）在《改造传统农业》中指出，全世界的农民在考虑成本、利润及各种风险时，都是很会盘算的生意人，农民所种植谷物的匹配，耕种的次数和深度的大小，播种、灌溉和收割的时间，手工工具、灌溉渠道、役畜与简单设备的配合等，这一切都很好地考虑到边际成本的收益，无论本国还是外国有能力的农场经营者都不能向农民说明如何更好地配置现有的生产要素。简言之，本书所讨论的理性小农是指，农户的行为方式与其他微观经济主体没有本质差异，农户具有足够的理性去优化资源配置并实现利益最大化，即使对最贫困的小农来说其行为方式也具有追求效率的"便士资本家"特征。需要说明的是，本书所涉及的道义小农与理性小农纯粹从经济学和金融学意义来探讨。如果在生产投资决策中，出现了追求利益最大化，即如果农户在面对资本回报率更高的投资机会时，会通过自身以及外来力量而获得时，那么本书就将这类农户定义为理性小农，即使这样的理性小农由于教育、宗教、文化环境、传统观念等原因，导致其可能在其他行为中出现道义小农追求风险最小化的某些特质，但由于此种行为需要结合社会学、心理学等其他学科进行更广范围的分析，不在本书研究的范围之内。

6. 物质资本

从经济学角度来看，一般认为，物质资本是指长期存在的生产物资形式，如机器、设备、厂房、建筑物等。考虑到农村地区的实际情况，就农户而言，物质资本是指其在生活生产经营过程中积累的资本存量和流量。其中，资本存量包括存款、实际耕地面积、房屋、牲口、农用机械等生产性固定资产，以及大件高价值家庭生活性固定资产；资本流量包括农户的农业生产收入以及非农生产收入。在本书的研究中，对物质资本的考察主要侧重存量，其所涉及的范围和类别在相关章节将给予详细说明。

7. 社会资本

关于社会资本变量的界定与衡量问题，从国外学者的研究来看，根据 Durlauf 等（2004）对社会资本的经济学研究文献综述，一般认为，社会资本是个人通过社会关系获取稀缺资源并因此获益的能力。在衡量社会资本时，Nahapiet 等（1998）提出的研究方法应用尤为广泛，他们将社会资本划分结构维度（反映人与人之间、组织与组织之间的非个体之间的关系结构，如网络）、关系维度（反映人们之间拥有的特殊关系，如交往、合作、信任等）和认知维度（反映人们之间的共同愿景）。从国内学者的研究来看，边燕杰等（2000）将社会资本分解为纵向关系资本、横向关系资本和社会关系资本；在此基础上，陈劲等（2001）进一步强调了社会关系资本在社会资本中的主导作用，并将其界定为与政治组织、当地政府部门、金融组织及各种中介组织的联系。具体到农户社会资本，就量化分析视角而言，尽管实证研究仍然存在着一定分歧，但已经形成越来越多的共识（陈爽英等，2010；Sangnier，2011；Khanh，2011；Balogun 等，2011），这为本书研究提供了重要参考。综上所述，本书讨论的社会资本侧重于农户凭借各种社会关系所形成的资本，这些社会关系资本涵盖了农户所在社区的生活生产领域，在很大程度上决定着其获取外部资源的能力，包括在农村金融市场获得借贷资金的能力。

1.2.2 数据来源

本书研究所需要的数据主要来源于：

1. 农村固定观察点办公室公布的微观农户调查数据

农村固定观察点是一个在全国范围内按类型和抽样相结合选定村庄和农户并进行连续跟踪调查的系统，负责提供中国农村微观经济运行的重要信息和基本数据。该数据具有调查时期跨度大和连续性强，调查样本范围广和覆盖性强，调查农户指标多和代表性强等特点，可以为研究农户借贷行为变迁提供有力支撑。

2. 农户实地调查数据

农户实地调查数据主要来自对全国八个省份随机抽样调查，调查问卷内容包括农户基本情况、农户对农村金融的认知情况、农户融资情况、农户所在村庄的社会环境情况等四大部分。

调查样本的抽样基本原则是：首先，按全国东中西三大区域的划分，按人均收入排序后随机抽取样本省份，其中，东部地区3个省份，中部地区4个省份，西部地区1个省份；其次，以人均收入为基准，将样本省份的各个县排序，在江苏、河北和安徽分别随机抽取5个县，其他省份分别随机抽取2个县，其中，新疆地区实际只调查了1个县，这样最终用于实地调查的共有24

个县；最后，在每个县以乡镇为基本单位，随机抽取 50 个农户为调查样本。

1.3　研究目标与研究内容

1.3.1　研究目标

本研究的总目标是，以转型时期为基本背景，从理论和实证两个层面考察资本对农户借贷行为变迁与分化的作用机制，为构建自下而上的农村金融改革路径与政策设计提供依据，最终促进农户借贷难问题的有效解决。

具体研究目标包括：

（1）从理论上阐明资本在推动农户类型由道义小农向理性小农转变，由此促进农户借贷行为变迁与分化过程中的作用机制，并随着资本积累量的提高，在长期形成农户类型转变和实现自我发展的动态良性循环。

（2）立足改革以来中国农村地区的现实，描述转型时期农户借贷行为的变迁趋势与分化特征，由此验证在资本拥有量不断上升的过程中，农户类型是否发生显著变化，以及农户借贷行为是否发生明显变迁和分化。

（3）运用微观层次的农户面板数据和截面调研数据，构建计量经济模型，从实证层面检验转型时期中国农户借贷行为变迁和分化中的资本作用机制，从而为探索改善农户资本条件的外部政策和市场环境提供严格的经验依据。

（4）根据理论研究和实证分析结论，围绕转型时期中国农户借贷行为变迁与分化的基本特征，在反思过去农村金融改革和当前农村金融政策设计不足的基础上，指出今后中国农村金融改革政策的调整方向，并由此提出相应的政策建议。

1.3.2 研究内容

本书的核心内容是从理论分析和实证检验两个层面，深入研究转型时期中国农户借贷行为的变迁与分化问题。与此相对应，本书设计了八章内容，具体结构安排如下：

第1章是导言。本章主要包括问题的提出，概念界定、研究范围与数据来源，研究目标与研究内容，研究方法与技术路线，可能的创新与不足等。

第2章是理论基础和文献述评。本章包括两部分内容：一是回顾农村金融理论、农户经济理论、社会分化理论和社会资本理论等，并进行总结和评论；二是梳理有关文献成果，分析其对中国农户借贷行为的特征、影响因素、经济效应方面的研究进展情况，并进行总结和评论，为本研究的设计提供借鉴。

第3章是转型时期农户借贷行为变迁与分化的理论分析。本章以资本机制作为切入点，主要讨论两部分内容：一是考察物质资本对农户借贷行为变迁与分化的作用机制，从变迁视角分析农户资本与农户投资方式的关系，从分化视角分析农户资本与农户借贷行为的关系；二是考察社会资本促进农户资本积累和改善农户借贷环境的作用机制。最后，在上述理论分析的基础上，提出研究假说。

第4章是转型时期农户借贷行为变迁趋势分析。本章以1986—2009年全国农村固定观察点农户微观调查数据为主要数据来源，在简要描述农户基本情况变化的基础上，从全国和区域层次分析农户年末借贷结存规模、借贷用途和借贷来源的演变情况，由此归纳和总结转型时期中国农户借贷行为变迁的演进特征和变化趋势。

第5章是转型时期农户借贷行为变迁的实证检验。本章运用区域层次的农户面板数据，构建计量经济模型，对理论分析所提出的研究假说1进行实证检验，并从物质资本和市场化视角对农户借贷行为变迁进行相应的分析和解释，由此反思中国农村金融改革政策的不足，为今后调整和优化农村金融改革政策指明方向。

第6章是农户借贷行为分化的特征性事实。本章首先交代农户抽样调查设计情况，由此借助全国八省实地调查数据描述农户个体和家庭基本情况，在此基础上，从全国层次分析农户借贷行为分化特征，并进一步考察不同类型农户借贷行为的分化情况。

第7章是农户借贷行为分化的实证检验。本章运用全国八省农户实地调查数据，构建计量经济模型，对理论分析所提出的研究假说2进行实证检验，并从物质资本和社会资本双重视角对农户借贷行为分化进行相应的分析和解释，由此反思当前中国农村金融市场供给结构的缺陷，为制定和完善农村金融市场的政策设计提供实证依据。

第8章是研究结论与政策建议。本章在归纳和总结全文的主要研究结论，并据此提出相应的政策建议。

1.4 研究方法与技术路线

1.4.1 研究方法

本研究主要采用历史分析与逻辑分析相结合、定量分析与定性分析相结合、规范分析与实证分析相结合的研究方法，来具体考察转型时期中国农户借贷行为变迁与分化问题。具体而言，上述方法在本研究中的应用情况如下：

首先，采用历史分析方法，借助农户层次的全国时间序列数据，具体考察转型时期中国农户借贷行为变迁情况，总结其演进特征和变化趋势；运用逻辑分析方法，从资本视角探讨农户借贷行为变迁和分化的内在发生机理，并与农户借贷行为变迁和分化的实践表现相结合，相互印证。

其次，综合运用农户借贷规模、借贷用途、借贷来源等多个统计指标，具体描述转型时期中国农户借贷行为的变迁和分化情况，在此基础上，采用定性分析方法归纳和总结农户借贷行为变迁和分化的基本特征、演进轨迹和变化趋势。

最后，从理论上阐释资本影响农户借贷行为变迁和分化的作用机制，进而构建计量经济模型，借助农村固定观察点数据和农户实地调查数据，进行实证检验和相应的经济学解释。

1.4.2　技术路线

本研究的技术路线如图 1-1 所示（见 P13）。

1.5　可能的创新与不足

1.5.1　可能的创新

本研究在借鉴已有国内外相关文献研究成果的基础上，立足中国农村地区现实情况，比较深入地从理论和实证两个层面研究转型时期中国农户借贷行为的变迁与分化问题，努力对既有研究

```
                    ┌─────────────┐
                    │ 研究方案设计 │
                    └──────┬──────┘
        ┌──────────────────┼──────────────────┐
        │                  │                  │
┌───────▼───────┐ ┌───────▼───────┐ ┌───────▼───────┐
│ 国内外文献回顾 │ │ 理论框架构建  │ │ 研究数据收集  │
└───────────────┘ └───────────────┘ └───────────────┘

        ┌──────────────────────────────────────┐
        │ 农户借贷行为变迁与分化的理论分析      │
        └──────────────────┬───────────────────┘

        ┌──────────────────▼───────────────────┐
        │ 转型时期农户借贷行为变迁的一般趋势    │
        └──────────────────┬───────────────────┘

        ┌──────────────────▼───────────────────┐
        │ 转型时期资本影响农户借贷行为变迁      │
        │ 的实证检验                            │
        └──────────────────┬───────────────────┘

        ┌──────────────────▼───────────────────┐
        │ 转型时期农户借贷行为分化的基本特征    │
        └──────────────────┬───────────────────┘

        ┌──────────────────▼───────────────────┐
        │ 资本影响农户借贷行为分                │
        │ 化的实证检验                          │
        └──────────────────┬───────────────────┘

        ┌──────────────────▼───────────────────┐
        │ 研究结论与政策建议                    │
        └──────────────────────────────────────┘
```

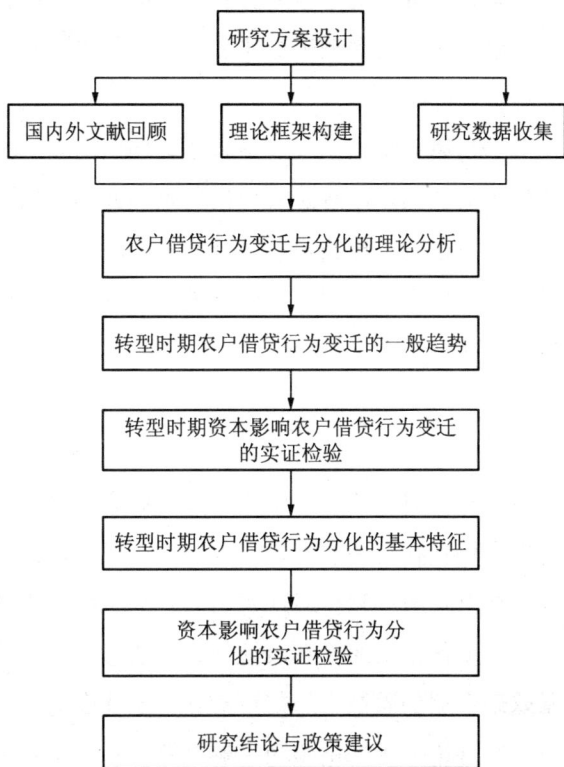

图 1-1　本研究的技术路线示意图

成果做进一步的拓展，并在以下三个方面有所创新：

　　第一，本书以农户为基本研究对象，但在具体研究过程中，并非简单地将农户区分道义小农和理性小农，而是将农户作为整体，遵循由道义小农向理性小农转变的演化路径，由此研究农户借贷行为的变迁与分化问题。

　　第二，本书以资本为研究视角，从理论上阐释资本拥有量的提高对农户借贷行为变迁与分化的作用机制，在此基础上，运用全国农村固定观察点数据和农户实地调研数据，具体考察转型时期中国农户借贷行为变迁的一般趋势和农户借贷行为分化的基本特征，由此构建计量经济模型进行实证检验，并进行相应的经济学分析和解释。

第三，本书在研究结论上，立足转型时期中国农户借贷行为变迁与分化的现实特点，以解决农户借贷难问题为方向，探索构建自下而上的农村金融改革路径，由此完善三位一体的农村金融体系，促进农村金融市场分层，更加有效地实现中国农村地区借贷双方的供求对接。

1.5.2　可能的不足

当然，由于受到研究能力、研究时间、研究条件和手段等方面的限制，本书仍然存在一些不足之处，这主要体现在：

一方面，本书在考察转型时期中国农户借贷行为变迁时，主要考察物质资本的作用，而没有对社会资本的作用进行分析，尽管这主要是受到数据的限制，但却可能在一定程度上降低实证分析的解释力，对理论分析的检验尚不够充分，有待作更为充分的论证和经济学分析。

另一方面，本书在考察农户借贷行为分化时，遵循理论分析的基本思路，同时考察物质资本和社会资本的作用，但对社会资本的考察主要集中在农户这一微观层次，缺乏对更为宏观层面的农村区域社会资本的分析，研究的系统性有待进一步加强。

第 2 章

理论基础与文献综述

2.1 理论基础

2.1.1 农村金融理论

1. 农业信贷补贴论

在农村金融理论的发展过程中，农业信贷补贴论是 20 世纪 80 年代以前的主要理论之一，以增加农村地区信贷供给为重要政策主张。农业信贷补贴论的基本假设条件主要包括两个方面：一是农村地区长期面临资金短缺问题，农户储蓄能力总体上较弱，贫困型农户甚至无力储蓄；二是农业部门具有天然脆弱性，在缺乏必要的其他保障条件下，以利润最大化为目标的金融机构往往采取惜贷或不贷。

农业信贷补贴论的基本观点是，要改变农村地区的贫困状态，促进农业产量增长，应向农村地区提供外部资金支持，特别是政策性金融支持，并通过非盈利专业金融中介组织来负责资金分配。考虑到长期以来农业部门与工业部门的剪刀差，有必要在为农户提供借贷资金时收取较低的利率。但由于非正规金融机构一直是农村地区的主要资金提供者，且有一部分向农户收取高利率，导致这部分农户陷入贫困的恶性循环，不利于农业和农村地区经济发展。

从经验事实来看，在亚洲地区的相当一部分国家，如果存在比较有效的储蓄机会和相应的激励机制，大多数比较贫困的农户仍然会选择储蓄；与此同时，政府鼓励推行的低利率贷款政策已经被实践证明，并不能够给某些农业生产活动带来显著影响，许多低利率贷款实际上被转移到更加富裕的农户手中。

农业信贷补贴论受到批评的一个重要原因是对假设条件的设定，并内在地决定了其存在以下不足：

首先，如果农户形成如下预期，即能够持续获取低成本信贷支持，则其储蓄意愿将倾向于下降，此时农户拥有的剩余资金将不能有效集中，并提供给其他有资金需求的农户，从而给农业信贷造成持续的资金供给压力。

其次，分散小农户在农村信贷市场往往面临较高的交易成本，这使得农业信贷机构倾向于选择惜贷或不贷，而更愿意为那些比较富裕的大农户提供信贷支持，导致政策目标偏离。

最后，从行为本身来看，此时农业信贷机构处于缺乏有效监管状态，对农户贷款的监督和跟踪动力不足，容易导致部分借款人的故意拖欠，在长期难以为继。实践表明，基于农业信贷补贴论的农村专业信贷机构，并没有真正起到有效金融中介组织的应有作用。

2.农村金融市场论

20世纪80年代以来，农村金融市场论逐渐形成，并以建立市场机制调节的农村金融市场为主要政策主张，这与对农业信贷补贴轮的批评直接相关。农村金融市场论的主要理论假设包括以下几个方面：（1）只要存在合适机会，包括低收入在内的农户都具有储蓄能力，外部资金供给并非必须，且这已经为许多发展发展中国家农村地区的实践所证实；（2）政府推行的低利率政策降低了农户储蓄意愿，由此阻碍农村金融市场发展；（3）当存在较高的外部资金供给时，容易导致较低的贷款回收率；（4）在低利率条件下，农村剩余资金面临多种投资机会，从而促成非正规金融市场的较高利率。基于上述前提，农村金融市场论认为，在研究和制定农村地区金融政策时，必须将正规金融市场和非正规金融市场有效结合起来，充分发挥各自在吸收储蓄和提供借贷的积极作用，真正承担起专业农村金融中介组织的角色和功能，为农户提供金融支持。

就实用性而言，农村金融市场论主要与竞争性农村金融市场相联系，特别是从长期来看，这有助于促进农村金融市场的稳定和发展。农村金融市场论的不足之处在于，缺乏对农村金融市场失灵情形的考虑，这也是现实经济发展中政府需要接入经济活动的重要原因。仍以小农户为例，在完全由市场机制调节的农村金融市场，小农户真的能完全摆脱信贷约束吗？特别是，小农户能和大农户一样，从正规金融机构获得贷款吗？无论是逻辑推理还是经济实践都表明，答案是否定的。因此，在市场不能发挥作用的农村金融领域，如何为政府的介入程度和介入方式等提供行为依据，该理论并未予以讨论。

3. 农村金融不完全竞争市场理论

农村金融不完全竞争市场理论形成于 20 世纪 90 年代，它以不完全竞争市场和信息不对称等方面的理论研究成果为基础，前者强调借款人的组织化等非市场因素在农村金融市场中的重要性，后者则为解决借款人的道德风险和逆向选择问题提供了思路。Besley & Stepthen（1995）和 Stiglitz（1990）的研究表明，尽管在正规金融信贷中，银行由于无法完全控制借款者行为而面临着道德风险问题，但在小组贷款情形下，同一个小组中的同伴相互监督却可以约束个人从事风险性大的项目，从而有助于解决道德风险问题。

农村金融不部完全竞争理论的主要内容是：在发展中国家，由于借款人和贷款人之间信息不对称的普遍存在，因而农村金融市场并非完全竞争市场，此时，单纯依靠市场机制难以建立与农村地区经济发展相适应的金融市场，即存在市场失灵。为此，政府部门对农村金融市场的干预是必需的。与农业信贷补贴论不同的是，不完全竞争市场论认为，虽然农村金融市场失灵的存在为政府干预提供了理论基础，但要真正消除市场失灵所带来的负面影响，需要从农村金融市场体系的整体入手，政府部门必须将其干预活动严格控制在农村金融市场失灵区域。

农村金融不部完全竞争理论为创新小额信贷模式提供了理论依据，关键在于设计出解决农村金融市场的信息不对称和由此形成的高额交易成本问题。为此，在政策主张方面，农村金融不部完全竞争理论认为，政府部门应创造条件，鼓励和支持农户在借贷时采用联保小组形式，或者在农户之间建立资金互助；金融机构则可以创新产品和服务模式，例如提供借贷资金与农业生产资料买卖相结合的方式，以便缓解由于农村地区金融生产借贷双方信息不对称多带来的一系列问题。

4. 信贷配给理论

信贷配给是借贷市场的一种状态，按照所报的契约条件，贷方提供的资金少于借方的需求。Smith（1776）在讨论高利贷的最高数额时，曾扼要地探讨过信贷配给；Viner（1937）也指出，信贷配给也是 19 世纪英国关于金银块和货币争论中的一个重要问题。此后，Keynes（1930）进一步强调，为满足的借方资金需求是影响投资数量的一个因素，这一观点后来被 Rosa（1951）所推崇。信贷配给不会发生在运转良好的商品和服务市场上，因为供给这和被配给的需求者双方都由提高价格的激励。借贷价格包括利率以及可能还有诸如附加要求之类的非利率条件。由于配给是在连续的基础上存在于借贷市场上，所以，利率必须通过一些特别因素而保持在低于市场结算的水平上。高利贷和其他利率上限，就是外部强加的限制造成信贷配给的一个明显的例子。信贷配给理论的目标是，识别那些作为充足条件使得理性的和非强迫的贷款人在连续的基础上维持低于市场结算水平贷款利率的内在因素。

Hodgman（1960）率先致力于将拖欠风险作为信贷配给原因的人之一，但是他后来承认，拖欠风险并不是信贷发生的唯一充足条件。基本的原因是，如果贷方和借方分担拖欠风险，并按有关拖欠的同样信息采取可信行动，则利率就能确切地反映任何预期的拖欠行为。因此，即使有过多需求，拖欠风险也不会消除刺激或提高贷款利率。不过，Freimer 等（1965）研究出一种信贷配给模型，其中理性的贷款人处于这样一种特定情况下，即贷款偿还是按投资项目可能的最好结果来进行。如果这一环境中存在借款人的过多需求，则将发生信贷配给，因为较高的利率并不能给贷款人提供追加的借贷收入。但是，后来认识到，这种配给的结果要依赖一种特殊形式的不对称信息，其中借款人必须对预期结果持有乐观估计，而贷款人则认为拖欠是必然的，否则将不会产生过多需求的基础。现代理论将道德风险和逆向选择所造成的市场倒闭看作信贷市场的更为一般性特点，这种特点是不对称信息情况下信贷配给的原因。当利率或贷款人所选择的贷款规模影响到借款人的行为（道德风险），或影响到全体申请人的风险（逆向选择）时，就会发生道德风险和逆向选择。还有一类与顾客有关系的模型，这些模型的前提是，长期顾客可优先获得贷款，但看来这些模型也需要建立在不对称信息的基础上，以产生信贷配给（Kane 等，1965；Fried 等，1980）。Jeffee 等（1976）根据有竞争性贷款人消费信贷模型中的道德风险，建立了一个信贷配给模型，其主要特点是，当一些借款人被贷于较多贷款时，其拖欠倾向将增加。零利润和贷款契约线因而上升，由于贷款额较大的契约发生拖欠的情况较多，因而有必要以较高的利率对贷款人进行补偿。市场出清的契约就是这一契约线上的一个点，但也存在着利率较低和借贷规模较小，因而平均来说拖欠率也较低的其他配给契约。有着较少拖欠倾向的借款人愿意并且能够迫使这一配给契约实施，以使市场达到均衡。

Stiglitz 等（1981）提出一种包括道德风险和逆向选择在内的信贷配给投资借贷模型。这一模型中道德风险特征的提出，是因为个别借款人按较高贷款利率将选择经营风险较大的项目。逆向选择特征的提出，是因为在较高贷款利率下，一些借款人相对安全的投资变得无利可图，从而使其他贷款申请人变得较有风险。因此，较高贷款利率在增加贷款人特定项目预期收入的同时，也产生了道德风险和逆向选择的效果，从而减少贷款人对所有借款人的预期收入。鉴于各个借款人和项目的这种风险特征不能被看作先验的，也许对贷款人来说，最佳政策是使贷款利率低于市场出清水平和实行信贷配给。贷款人还会希望筛选申请人，提出诸如附加要求之类的非价格条件，以及提供借款人将风险性作为其契约选择的一个函数的借贷契约。建立在不对称信息基础上的配给建议，因忽略了贷款人对此类手段的使用而受到批评（Barro，1976；Bester，1985）。实际上，虽然这类手段会缩小信贷配给的规模，但一般来说却不会使之消除。关键是贷款人必须掌握有一种额外的独立手段，以对付各种规模的贷款风险，从而消除作为信贷配给根源的道德风险和逆向选择。就本质而言，贷款拖欠只是一个复杂和多方面的过程，而贷款人只能通过相对粗略或代价高昂的手段来获取信息。因此，做以下假设是不现实的：从成本——收益考虑运用这些手段，将会确切地确定各个借款人的风险性质。

2.1.2　农户经济理论

1. 恰亚诺夫模型

恰亚诺夫（Chayanov）在 1920 年代研究了农户家庭行为（Thorner 等，1966），这在 Mellor（1963）、Sen（1966）、Naka-jima（1970）等的研究中得到进一步阐述和拓展。恰亚诺夫农户模型的本质是家庭效用最大化，并作如下假设：（1）农户不雇佣外部劳动力，家庭成员也不从外部获取工资收入；（2）农业产出可留做家庭消费或到市场上销售，其价值以市场价格衡量；（3）每个农户都可以根据需要获得耕种的土地；（4）每个农户所在社区都有自己的社区规范，这内在地规定了可接受的最低消费水平。由此，恰亚诺夫模型所研究的农户经济问题可以理解为下面三个约束条件下的效用最大化：生产函数、可接受的最低收入水平（Y）、可投入的最大劳动天数（L），这可以用数学公式表示为：$MaxU = f(Y, H)$ s. t. $Y = P_Y \times f(L)$；$Y \geqslant Y_{min}$；$L \leqslant L_{max}$。据此，恰亚诺夫认为，农户微观经济均衡具有主观性质，在此基础上，他进一步提出农户独特的经济计算，由此可以将农户与资本主义企业区别开来。

根据恰亚诺夫模型，在农户生产函数中，不同人口结构农户之间的劳动边际产量也不同；但在利润最大化的资本主义企业体系中，所有企业的劳动边际产量相同，并在数量上等于市场工资。事实上，恰亚诺夫的上述观点引发了关于是否存在小农生产方式的理论争论。恰亚诺夫在提出农户家庭人口周期的概念后，又提出小农内部的人口差异观点，即根据农户家庭人口的规模和结构差异，不同家庭在耕地面积、农业产量、收入等方面将出现差别。在恰亚诺夫看来，农户耕地和产量差别是家庭人口差异的结果。与恰亚诺夫的观点相反，当时俄国马克思主义者认为，农户的耕地和产量差别源于社会分化，即俄国农业中逐渐出现的两个社会阶级——资本主义农户和农村无产者导致小农阶级的解体，并造成农户家庭之间的差异。恰亚诺夫认为，资本主义远未进入俄国农业，在农户家庭人口周期的约束下，小农阶级是一种稳定的生产形式。由此，他进一步提出，通过加强农户在农业生产资料采购、改良技术推广、农产品营销等方面的垂直合作，小农阶级能够被引导到社会主义的发展方向。与此相反，俄国的马克思主义者认为，资本主义已经深入地渗透到俄国农业，小农阶级很不稳定，并在逐渐走向解体。对小农认识和判断的本质差异决定了双方的理论分歧，特别地，如果将其与俄国及此后的其他发展中国家农业部门相联系，这就成为一个非常有挑战性的重大实践问题。需要指出的是，恰亚诺夫模型对土地和劳动力市场假设条件的设置限制了其应用范围，该模型在解释非洲农户问题是比较有说服力的，但对其他地区并不适用（Levi 等，1982；Low，1986；Shapiro，1990）。

2. 利润最大化农户理论

Schultz（1964）提出，发展中国家的家庭农业有效率但贫穷，在传统农业中，市场要素配置很少出现显著的无效率现象，这一假说对有关农户决策后来的研究起着重要影响。利润最大化假说并不必然要求利润以货币形式存在，这主要是意味着农户没有任何可能性去调整其投入或产出以获得更多的净收入，该假定既适合接近生存经济的农户，也同样适用于完全货币化生存的农户。在经济分析中，投入和产出在理论上都有对应的价格，可能的问题在于这些价格究竟在多大程度上代表了市场竞争。利润最大化假说包含了农户的生产动机和农户作为经营性单位的经济绩效，在这种情况下，对农户决策方式的考察变得十分重要，因为这将直接决定农户生产经营活动效率。根据 Yotopoulos 等（1976）的研究，理论上，如果不同的农户都使用同样的生产技术、面对同样的投入产出价格和追求利润最大化，那么每个农户都将使用同样同量的投入生产同样同量的产出，但在实践中几乎不存在这样的情况，因为上述条件难以同时满足。因此，根据新古典经济学的效率观点，农户追求利润最大化是有条件的，这意味着农户需要同时权衡其他家庭目标、资源约束程度、市场环境状况等。正是在这个意义上，Schultz 假说具有十分重要的理论价值，即对农户经济理性的肯定，此前的多数文献总是将农户视为非理性的经济主体，是落后群体的代名词，并经常与懒惰、愚昧、顽固等词汇相联系。

利润最大化农户理论最基本的政策含义，是农户对家庭农业投入和产出价格变化作出符合理论预期的反应。当然，农户对此的反应速度与程度取决于他们面临的资源约束和市场失灵程度。如果承认纯粹的效率假说，即在农户现有技术限制范围内，追求最大利润的农户在完全市场上是有效率的，那么，提高农户经济农产品产量的唯一方式，就是大幅度改变农户的投入与技术，Lipton（1968）认为，Schultz 假说不承认通过低成本调整来改善农户家庭产出与收入的可能性。在 20 世纪六七十年代，一个普遍被接受的观点是只有大幅度地改变农户生产技术，才能转变农户农业观念。这一时期，农业技术问题受到高度重视，而农户增产的社会或市场约束则明显被忽视。根据利润最大化农户理论，农户总是倾向于选择自由市场，此时政府应只需要负责完善市场正常运行必需的各种条件。但是，农户在不同国家和经济发展阶段的分布存在显著差异，贫困和不平等往往是比较普遍的现象，农户之间的收入和社会地位差别一直悬而未决，诸如此类的问题显然不是农户在完全竞争市场中的自我决策就可以解决的。此外，在讨论农户利润最大化时，忽视了家庭为达到利润目标而发生的内部关系。农户家庭由家长领导，并站在家庭成员的立场上作出生产决定；或者农户家庭决策遵守家庭内部分配劳动负担和消费品的原始共产主义原则（Saith 等，1972）。关于前者，在非洲，家庭中女性成员依附于男性成员，但作出家庭耕作决策的往往是女性成员；关于后者，却忽视了农户家庭成员之间常见的劳动分工和获益分配的不平等，以及由此产生家庭成员之间的利益矛盾（Adams，1986）。

3. 风险规避型农户理论

农户具有规避风险的行为倾向（Schluter 等 1976；Dillon

等，1978；Binswanger 等，1983）。在发展中国家，市场波动、信息缺乏（Janvry，1972；Hiebert，1974）、信贷市场和劳动力市场不完全（Lipton，1979）等比较常见，同时由于自然风险和社会不确定性的存在，所有这些都使得农户在生产经营过程中存在着诸多不确定性，由此导致农户在微观生产水平上作出次优经济决策（Wolgin，1975；Bliss 等，1982），无法实现利润最大化，对新技术和新品种等持犹豫甚至是排斥态度，尽管这能够提高农户产量和收入；在某些国家和地区则会扩大农户之间的社会经济差距，一部分农户更是缺乏基本生存保障，陷入贫困状态。

假定农户是追求经济最优化的个体单位，在考虑不确定性可能带来的风险后，农户将修改效率目标。如果农户是风险规避型的，这将导致农户资源利用的无效率，并表现出许多值得观察和思考的农业现象。以农户间作行为为例，这有助于提高粮食产量，增加生存安全保障，至于是否会增加利润水平，研究者的看法并不一致；但如果把与农户农业生产有关的土壤等因素也考虑进来，这种分歧就可以在很大程度上消除（Norman，1974，1977）。当财产或收入增长时，农户的风险规避态度可能会先增强再下降，主要原因在于只有当收入有足够的增长以后，农户才有能力承受风险可能带来的损失，而不是再次回到之前的收入水平。Parikh 等（1988）发现，中等收入是规避风险的，而贫困农户愿意冒险。因此，总体来讲，收入较高的农户在信贷市场上的机会要更多一些。从政策视角来看，政府的政策制定应与农户的风险解决路径相一致，否则将难以取得预期政策效果。原因在于，政府政策实施后，市场关系将会进一步扩张，这将压缩农户的非市场交易活动空间（在农村地区，农户经常会采用非市场化的风险解决办法，并被实践证明是行之有效的），缩小了农户生产中维持生存的部分，由此将农户置于新的风险之中；同时，由于市场约束的存在，市场扩张将迫使农户提高农业生产效率，最终在农户的非市场方式处理风险和效率导向的市场运行之间形成冲突。

2.1.3　社会分化理论

在社会分化理论的形成和发展过程中，大致出现了三种比较有代表性和影响力的理论派别，即马克思主义阶级分化理论、韦伯的社会分化理论和当代社会分化理论。

马克思主义认为，阶级这一概念属于经济范畴，以生产资料所有制为核心的社会经济结构决定了阶级划分标准，并与一个国家生产发展的一定历史阶段有着直接关系。事实上，此前的古典经济学家认为，以产品分配为主要形式的经济关系决定了阶级划分标准，并由此确定了工人、土地所有者和资本家三大阶层。根据马克思主义的阶级分化理论，对法律所规定的生产资料占有关系决定了人们在社会劳动组织中的作用，进而决定其经济利益。同时，伴随社会阶级分化而来还包括阶层分化现象，后者由生产资料占有关系之外的因素所决定，可以来自阶级内部，也可以是与阶级有一定关系的特定群体。马克思主义把生产资料占有作为阶级划分的标准，有其科学性和实践价值，但从长期的历史演进视角来看，仍存在着不足之处：一方面，这种划分方式难以解释这样的现象，对于那些不存在生产资料占有关系，但社会地位却仍然存在显著差异的不同社会群体而言，如何决定其所属的阶级类别；另一方面，当社会发展到生产资料私有制不复存在时，理论上阶级也将不复存在，但在社会经济活动中仍然会出现不同群体之间的差异和社会身份地位区别，这是阶级理论所不能解释的。从这个意义上看，马克思主义的阶级划分提供了一个认识社会经济发展的分析视角，但由此所形成的社会阶层分化问题更为重要，值得深入研究和探讨。

马克斯·韦伯（2010）对社会分层进行了比较系统的研究，对后来的社会分化理论做出了基础性贡献。韦伯提出多元分层体系，并认为社会分层应按三个标准来进行，即经济标准（与经济财富相对应）、社会标准（与身份地位相对应）和政治标准（与权力声望相对应）。从经济标准来看，韦伯的社会分层理论与马克思主义阶级分层理论有相似之处，但韦伯强调了市场机会、经济利益和市场条件对界定阶级内涵的重要性。从社会标准来看，身份产生于一定的时间和空间，一般以社会声誉、生活和消费方式为基本象征，可以在没有市场的情况下依然发挥着应有作用，由此韦伯认为，与阶级地位相比，身份地位更具有稳定性和重要性，并可在某种程度上决定阶级地位。从政治标准来看，在一个社会关系中，权力意味着贯彻一个人的意志的各种机会。

当代社会分化理论在探索社会分化现象并提出政策主张的过程中，先后出现了两种相对立的理论，即功能主义论与冲突论，并在之后由格尔哈特·伦斯基（1988）进行综合，进而形成进化论。伦斯基发现，将功能主义和冲突论综合以后，可以更为清晰地研究社会分化现象，并由此观察社会阶层分化制度的形成和发展。就本质而言，功能主义论可以比较合理地解释社会剩余资源的分配方式问题，在一般情况下是维持、巩固和加强当前状态的，这是促进社会分化的重要途径；而冲突论则有助于理解竞争所促成的分化是如何反过来导致不同社会利益群体之间的冲突，并在解决冲突的过程中加速社会分化。从长期的动态视角来看，冲突在社会分化中起着重要作用。

2.1.4 社会资本理论

Jacobs（1961）首先提出具有现代意义的社会资本概念，他认为，网络是一个城市不可替代的社会资本，无论出自何种原因而失去了社会资本，它所带来的收益就会消失，直到且只有新的资本慢慢地不确定地积累后，它才可能恢复。此后，许多研究者进一步研究了社会资本，逐步形成了社会资本理论。

Bourdieu（1986）在将资本划分为经济资本、文化资本和社会资本的基础上，在深入研究不同类型资本的相互作用后，他发现它们彼此是可以转化的。Bourdieu 明确提出，社会资本以网络关系的形式存在，是实际或潜在资源的集合，那些资源与对某些持久网络的占有密切相关，且该网络为大家熟知和共同认可，属于一种体制化网络，并从集体性拥有资本的角度为每个会员提供支持，提供为他们赢得声望的凭证。

Coleman（1988，1990）认为，研究社会结构的重要切入点是社会资本，由此他从微观和宏观相结合的视角展开分析，并将社会资本界定为社会结构资源作为个人拥有的资本财产。Coleman 指出，社会资本的形式包括义务与期望、信息网络、规范与有效惩罚、权威关系、多功能社会组织和有意创建的组织等。

Lin（2001）从社会资源视角提出社会资本的概念，即社会资本是投资在社会关系中并希望在市场上得到回报的一种资源，是一种镶嵌在社会结构之中且可通过有目的的行动来获得或流动的资源。Lin 充分肯定了社会资本的先在性这一特征，这意味着社会资本依存于一定的社会结构，人们必须遵循其中的规则才能获得行动所需的社会资本，由此，人们有意识的主观行动有助于获取所需要的社会资本。

Putnam（2002）深化了 Coleman 对社会资本的研究，将其进一步上升到集体层面，并引入政治学研究之中，由此从自愿群体的参与程度角度来研究社会资本。Putnam 认为，社会资本是一种团体甚至国家财产，而非个人财产。因此，如果人们意识到社会资本的重要性，则首要考虑的就不应当增加个人机会，而是将注意力集中在社群发展方面，以便为各种社会组织的生存与发展留下空间。

2.2 文献述评

自农村经济改革以来，随着家庭联产承包责任制的普遍推行，农户逐渐被确立为农村地区的基本生产经营单位，不仅对中国的农业和农村发展产生了重要影响，也成为学术界研究的重要对象，并取得了丰富的研究成果。考虑到本书的研究定位和文献综述的方便，这里将中国农户借贷行为研究方面的相关文献大致分为以下几个方面，具体进行述评。

2.2.1 农户借贷行为的特征

正规金融和非正规金融并存是农村地区的普遍现象（麦金农，1988；林毅夫，2005）。农户是最主要的农村金融需求主体，近年来农户信贷服务状况并没有得到明显改善，非正规信贷依然是最主要的来源（Pischke 等，1987；颜志杰等，2005）。农村金融研究的核心议题之一是农户借贷行为特征，包括农户借贷来源、期限、规模、成本、用途等（吴典军等，2008）。20 世纪 20 年代至今，农户借贷动机的动态演进轨迹经历了生存性借贷、抑制性借贷、投机性借贷、消费性借贷、生产性借贷五种形态，不同形态之间的转化主要与农户收入水平和投资机会有关（纪志耿，2007）。在受到信贷约束时，实际借款数并不能反映农户的真实贷款需求，估计农户在正规金融市场上受到的信贷约束程度以及信贷资金缺口是必要的（何明生等，2008）。程郁等（2010）的研究结果表明，有借贷需求的农户占所有农户比例超过70%，平均信贷缺口达到4420元，未得到满足的信贷需求缺口占到农户贷款需求总额的56.72%。一般认为，发展中国家贫困地区农户对正规信贷的需求以生产性为主，而对非正规信贷的需求以消费性为主（Khandker等，2003）。黄祖辉等（2007）发现，中国大部分农户对正规和非正规信贷的需求均以消费性为主。农户融资显著偏向内源融资，具有道义小农的特点（陈鹏等，2011），且农户显著偏好年利率低、担保抵押少、决策时间短、满足程度高和期限灵活的贷款（李锐等，2007）。社会网络越发达的农户，民间借贷行为越活跃，以社会网络为基础的农户民间借贷行为是传统乡土社会的典型特点，其规模和作用随社会转型和经济发展而趋于弱化（杨汝岱等，2011）。

从区域视角来看，对多个地区的实证研究表明，农户借贷主要来自非正规金融机构（何广文，1999；熊建国，2006；孔荣等2009a；马晓青等，2010），没有明确归还期限，少数资金需求量较大的非农经营农户主要依靠正规金融（贺莎莎，2008），大部分用于非生产性用途（李晓明等，2006）。农户认为无抵押条件下难以获得正规金融机构的信任，非制度信任驱使农户偏好非正规借贷方式，且倾向于选择优先偿还正规机构贷款，表明农户信用意识强烈，守信程度较高（熊学萍等，2007；孔荣等，2009b）。在西部传统农业区域，农户借贷需求强烈，借贷资金更多地投向资金量需求较大的家庭消费项目和投资回报率较高的农业产业化项目（霍学喜等，2005）。中国农户借贷增长波动具有显著的周期性特征，具有从"大起大落"的高水平增长转变为低水平平稳增长的演变趋势（李延敏等，2005），农户借贷规模、借贷来源倾向和借贷用途倾向均呈现出层次分明的结构性特征（李延敏，2008）。随着时间的推移，农户借贷水平和民间借贷付息比例呈上升趋势，农户借贷目标趋向生活，特别是收入水平偏低的农户（史清华，2002）；内地借贷偏向生活且趋向收敛，沿海偏向生产且扩大趋势明显（史清华等，2004，2006）。

20世纪80年代以来，小农最大的资金压力始终来自子女婚嫁等生存需要，但农村金融机构并未给予充分关注，这是因为小农生产目标（规避风险）与农村金融机构目标（利润最大化）不一致（杨栋等，2009）。政府干预和信息不对称是造成农村信贷配给的重要原因，银行和信用社对农户贷款决策主要决定于政府农村金融政策（朱喜等，2006）。农户收入较低和投资机会较少等因素也是导致农户信贷需求较低的重要原因（Kochar，1995；钟春平等，2010）。现有正规金融机构对农户融资交易费用高昂的原因是，现有金融机构距离农户较远，导致其对农户融资信息成本高昂，以及自履约实施机制的缺乏，必须从农户缺乏抵押和担保这一硬约束出发，安排贴近农户的金融机构，以降低信息不对称的程度，并充分利用人际信任和自履约机制（周脉伏等，2004；刘莉亚等，2009）。

2.2.2　农户借贷行为的影响因素

破除二元金融结构，推进农村金融改革，及时调整非均衡增长模式，是克服金融危机和保持中国农村经济可持续发展的关键

（王曙光等，2011）。在中国农村二元金融结构特征下，家庭特征、经济特征、金融生态环境等，对高收入、中等收入与低收入农户信贷渠道的选择行为有着不同影响（韩俊等，2007；秦建群等，2011a，2011b，2011c，2011d），借款利率、借款期限、离金融机构的距离等会影响农户借贷需求（曾学文等，2009），法制意识较强的农户更加倾向于选择正规机构，有特殊地位的农户更容易从正规机构获得贷款（金烨等，2009）。马晓青等（2010b）证实，财富水平与农户信贷抑制存在倒 U 形关系，非正式信贷没有能够弥补正式信贷不足导致的负面效应，受到信贷抑制的农户投资回报远远高于未受到信贷抑制的农户。马永强（2011）发现，信贷约束、利息成本、风险、家庭经济和人口特征是影响农户选择民间金融的重要因素，并且这些因素对不同类型民间借贷的影响不同。王定祥等（2011）的研究表明，家庭耕地面积、年人均收入水平、固定资产价值、农业生产支出占比、教育支出占比显著影响贫困型农户信贷需求。

与此同时，许多研究者从地区视角研究了中国农户借贷行为的影响因素。农户作为农村地区资金主要需求者，由于缺乏价格适当的借款途径资金，主要来源于无（低）息的亲戚朋友借款和高利息的非正规金融市场借款（周宗安，2010；匡桦等，2011）。中国农户面临着较为严重的信贷约束，收入水平、非农程度、信用等级评定的农户还款能力、信用社对担保人的要求等对农户信贷约束具有显著影响（白永秀等，2010；董晓林等，2010）。随着农村经济的市场化和农户经营的多元化，借贷资本对农业及农户经济发展的作用日益重要。周小斌等（2004）发现，农户经营规模、农户投资和支付倾向对农户借贷需求具有正向影响，而农户自有资金支付能力对农户借贷需求有负向影响。在西部地区，个人与家庭特征、经济特征、环境特征均是影响农户借贷行为的主要因素（秦建国等，2011）。贾澎等（2011）从农业产业化发展视角，分析了文化程度、土地规模、农户类型和家庭生命周期对农户借贷行为的影响。刘纯彬等（2009）发现，影响农户生产性借贷需求的最显著因素是农户从事的行业和家庭到邻近集镇距离，而家庭人口组成（包括农户年龄）是农户消费性借贷最显著影响因素。黎翠梅等（2007）和丁志国等（2011）发现，农户非劳动力人数占家庭人口数的比例、对借贷政策的认知程度、耕地面积、农业生产收入、生产性支出、生活性支出、户主政治面貌情况等对农户借贷行为的影响较为显著。何军等（2005）以江苏为例发现，影响农村居民民间借贷需求的主要因素包括社会资本拥有量、农户家庭收入、劳动力负担程度及户主职业特征等。冯旭芳（2007）对世界银行某贫困项目监测区农村住户的研究表明，户主年龄、劳动力水平、家庭负担水平、户主文化程度、农户耕地面积、年末住房价值、年末生产性固定资产原值、年末金融资产余额、农户总收入、农户非农就业能力、农户借贷倾向、借贷利率、偿还期限、地理区位指标均是影响农户获得信贷支持的决定性因素。褚保金等（2008）以江苏为例发现，户主的教育年限、住房价值、社会资本等是影响农户正规和非正规借贷需求的主要因素；教育支出是影响农户非正规借贷需求的主要因素；播种面积、住房价值、家庭年总收入与获得正规借贷支持显著正相关。黄祖辉等（2009）发现，工资收入对农户正规信贷需求有负的影响，非农经营收入占总收入比重对农户正规信贷可得性有正的影响。潘海英等（2011）以浙江为例发现，农户的总收入、非农收入、借贷倾向、借贷次数、储蓄存款、从事行业和地理区域是对借贷需求具有显著影响的因素。

2.2.3　农户借贷行为的经济效应

充足的流动性对产出有显著的福利正向效果（Feder 等，1990）。Binswanger 等（1995）运用印度农户数据分析了正式借贷的经济效果，发现正式借贷显著提高了贷款农户的劳动生产率和收入水平，并在一定程度上促进了农村社区发展。Pitt 等（1998）以孟加拉正式借贷项目为例发现，包括小额信贷在内的正式借贷项目对农户产出具有决定性影响，能显著改善贫困农户福利。Udry（1994）认为，借贷对促进生产和稳定消费均起着重要作用。但在农业歉收年份，农户收入可能会下降，由此导致借贷和收入呈负相关关系（Diagne，1997；Morduch，1998）。

不论是正式借款，还是非正式借款，对农民收入和消费增长都具有显著促进作用，从而改善农户福利水平（朱喜，2006）。尹学群等（2011）认为，农户信贷中农业生产性信贷水平对农村经济增长、农户收入水平和农户消费支出水平具有较显著的正向作用，而消费型信贷水平与农户平均消费水平有负相关关系。

董志勇等（2010）发现，正规信贷约束对农户消费结构的影响并不显著，而广义信贷约束对农户消费结构却有显著负影响，即非正规信贷替代（如亲友借贷）较好地解释了农户消费结构差异。

朱喜等（2007）使用 2003 年中国 3000 个农户的抽样调查数据，采用工具变量分位数回归法（*IVQR*），在考虑异质性影响和内生性问题的基础上发现，借贷从整体上显著促进了农户经营收入的增加，但对不同收入层次农户产出影响具有明显的异质性；借款对最贫困和最富有的农户收入作用不明显，但是显著促进了中低收入农户产出的增加，其产出弹性约为 0.08。

宫建强等（2008）以农户收入指标为被解释变量，以农村金融发展指标为关键变量，以其他影响农户收入的因素为控制变量，构建面板数据模型进行实证分析后发现，不同变量对农民收入影响也不相同。

褚保金等（2009）以江苏为例发现，信贷配给影响农户收入水平，农户受到的大多数信贷配给主要来自于正规金融机构，农户户主年龄、耕地面积和非农收入对其受到信贷配给的概率在统计上有显著负向影响；借款对农户纯收入和福利状况在统计上有显著影响（李锐等，2004）。

刘适等（2011）以湖北省研究样本为例，运用基于模糊聚类匹配的平均处理效应模型测算了在完全金融抑制情况下农户信贷福利损失，研究结果显示，水面面积、生产经营支出和家庭总资产对贷款需求具有显著正向影响，这说明农户贷款主要用于生产或者扩大生产规模；在完全金融抑制下，农户平均纯收入损失为7465元，占户均纯收入的21.87%，即每100元资金缺口将导致21.29元的福利损失。

叶静怡等（2011）以云南省彝良县为例，研究了中国欠发达地区农户借贷行为与生产、收入和消费等福利效应之间的关系，结果表明，受访地区农户主要来自亲朋间的无息贷款，对农户福利水平的影响仅表现为对生存性消费和现有农业生产的维持。

2.2.4　农户借贷行为的其他研究

当前中国农村金融市场供求呈现出明显的非均衡态势，严重制约整个农村经济社会发展（宋磊等，2006）。周天芸等（2005）采用农户借贷数据，运用概率单位模型，检验中国农村的二元金融结构，并根据影响农户借贷行为的因素，解析正式金融和非正式金融在中国农村地区的运行特点。李锐等（2006）发现，农户生产经营性投资对承包面积和地理位置的反应敏感，住房建设投资对通货膨胀率（正）和期望真实利率（负）的反应非常敏感。钱水土等（2008）发现，相对于正规金融，非正规金融更能满足不同收入等级农户多样化的资金需求。程郁等（2009）发现，供给型约束和需求型约束具有明显的结构性特征，收入、年龄、社员身份以及与金融机构的关系等因素对两种类型约束有着不同的影响。黄晓红（2009）认为，农户声誉具有信号传递功能，可以降低借贷双方的信息不对称，实现借贷交易的帕累托改进。刘西川等（2009）认为，农户不仅受到供给信贷约束，而且还受到需求信贷约束，数量配给、交易成本配给与风险配给是农户被配给出正规信贷市场的三种重要方式。刘西川等（2009）在一个实现直接识别和完备分类的概念性分析框架下，探讨了正规金融机构满足农户需求的途径。程恩江等（2010）的研究发现，小额信贷机构将服务对象从富裕农户扩展到比较富裕的农户，小额信贷有效缓解了农户所面临的正规信贷配给问题，原因在于其通过特殊的组织和制度安排有效地利用了当地信息。张龙耀等（2011）从农户信贷需求的视角考察了农村利率市场化改革成效，农户因为利率市场化之后高利率导致信贷需求无法实现的只有 8%，非利率交易成本和非价格合约条件对农户信贷需求的抑制作用明显。赵晓菊等（2011）从理论上分析了农户、正规金融机构和非正规金融机构三个主体的决策行为和期望收益，认为只有在正规金融部门与非正规金融部门共存且实现合作的市场中，农户的融资需求才能得到有效满足，相应的期望收益才能最大化。

2.2.5 对已有文献的评论

综合上述分析，围绕农户借贷行为这一主题，国内外研究者已经进行了一系列研究，并取得了较为丰富的研究成果，这为后续研究以及本书的研究工作提供了重要参考。但是，现有文献较少讨论中国农户借贷行为变迁与分化，而这正是贯穿于中国农村经济和金融改革过程中的典型事实，并因此形成了区域性和多层次的农户借贷需求，进而对供给导向的农村金融市场改革提出了挑战，学术界普遍关注的农户借贷难问题即是最好例证。

就中国实际情况而言，农业和农村经济仍比较脆弱，农民收入增长乏力，金融支持作为解决"三农"问题的关键手段之一，其支撑作用仍有待拓展和深化。与此同时，作为农村经济基本经济组织的农户，目前无论是在不同区域还是同一地区内部，其分化现象正日益明显，并由此表现出不同的金融需求特点，而现有的农村金融制度安排及政策设计对此尚缺乏足够的考虑，这进一步制约了农户的融资机会。研究和解决上述问题，不仅是拓展已有理论研究的需要，也是现实发展的需要，将有助于设计更为合理的农村金融制度和政策，改善农户融资机会，为农户收入持续稳定增长提供有力支撑。

根据以上分析，本书拟在借鉴已有国内外研究成果的基础上，以转型时期为背景，从理论上探讨农户借贷行为的变迁与分化，并进行实证检验，为制定改善农户借贷环境的相关政策提供理论依据和经验参考。

第 3 章

农户借贷行为变迁与分化的理论分析

有关农户行为的基本假定问题，近年来成为研究者争论的焦点，由此形成道义小农（或生存小农）和理性小农两种不同的研究思路：前者以 Chayanov（Thorner 等，1966）、Polanyi（1957）和 Scott（1976）等为代表，他们综合考虑历史、社会、文化和经济等因素的可能影响，由此考察农户经济行为，认为农户行为并非简单的成本收益权衡问题，因而否定经济理性，黄宗智（1985，1990）有关农户研提出究的"拐杖理论"也是如此；后者以 Schultz（1964）、Popkin（1979）、Becker（1981）等为代表，他们充分肯定农户行为符合经济学的理性假定，始终追求既有约束条件下的最佳资源配置方式，由此实现家庭福利最大化。在这种背景下，由于借贷行为是农户经济行为的组成部分，自然无法回避农户行为的基本假定问题，张杰（2004，2005）等的研究充分反映了这一点。

本书将遵循农户行为符合经济理性的研究思路，并将农户视为一个整体，从理论上阐述农户由道义小农向理性小农转变过程中的一般作用机制，由此考察中国农户借贷行为变迁与分化问题，为更加准确认识和把握转型时期中国农户借贷行为特征，进而调整和优化中国农村金融改革方向及政策设计提供依据。

3.1 物质资本对农户借贷行为变迁与分化的作用机制

3.1.1 农户资本与农户投资方式：变迁角度

1. 农户借贷行为变迁的理论起点

一般情况下，发展中国家经济结构存在分割的现状：大量的经济单位（企业、个人、政府）彼此之间割裂，其技术条件和资本回报率不相等，所面临的生产要素和产品价格也不相同，且没有有效的市场机制可以解决这一问题，使之趋于一致（麦金农，1973）。由于实体经济和金融之间存在相互影响的关系，因此当金融部门面临分割的市场状态时，这种分割现状同样存在于金融部门。那么，由于金融部门所面临的信息成本和交易费用不同，其对于每一单位资本的边际收益也不相同，从而，作为"货币价格"的利率也不相同。然而，投资显然是不可分割的，因此，当分割的经济面临连续的投资时，那些处于低效率的简单生产由于较低的资本回报率则很难获得外部融资。因此，处于这一阶段的生产者只能通过自身进行缓慢的内部资本积累。但是，如果这样缓慢的积累无法满足较大规模新技术投资的需要，那么经济就出现一种低效率均衡状态。由此，可以进一步推理，如果一个生产厂商无法获得外部资金，那么就容易陷入之前所描述的低水平均衡困境中去。而只有那些一小部分很富有的人，由于可以进行技术创新，进而提高资本边际收益，最终出现马太效应，即穷人更穷而富人更富这样的情况。

同样，这样的思想以及逻辑思路可以运用于解释农村金融市场中的农户资本及其借贷行为。在经济转型和市场化程度不断提高的大背景下，农户一开始拥有差别并不大的资本存量，且总体水平较低，这表现为改革开放初期，中国农民大多处于较为贫困的生活状态，而且绝大多数从事非常简单的农业生产。但由于其资本拥有量还是在一定程度上存在数量上的差别，因此，农户的生产方式（资本的投资方式）也存在一定程度的异质性。具体来说，当农户的资本量低于某一个特定值，使其无法进行最简单的技术投资时，他的生产方式只能是最简单、最原始的重复农业劳动，由于生产效率的低下，其资本回报率也处于很低的状态。而只要农户的资本存量高到可以进行最初的和最简单的技术投资时，他就开始进入一个"良性循环"：既可以获得较高的资本回报率，也可以因此获得一些外部融资机会，从而可以更快地积累资本，提高对新技术的投资规模，最终获得更多的资本回报。当然，即使在中国经济发展的初期，也有极少部分农户的资本存量很高，使其一旦处于市场化经济转型的大背景下，他就可以直接进行大规模或者专业化的生产投资。但从普遍的历史回顾来看，中国经济改革初期这样的农户数量确实并不多。

2. 资本影响农户类型转变的理论分析

根据以上分析，这里本书借鉴陈雨露等（2010）建立的一个简单模型来阐述资本对农户实现自我跨越的理论解释。假设农户由于不同的初始资本，面临三种不同的投资机会：（1）简单农业生产 I_1，此时对应的农户类型为道义小农；（2）扩大的农业再生产 I_2，此时对应的农户类型为理性小农；（3）规模化或者专业化的生产投资 I_3，此时对应的农户类型为农民企业家。在这里，简单农业生产是指维持旧有基本的农业生产规模、质量和生产方法所从事的生产，由于这些生产属于大众熟悉并被普遍采用的农业生产，这样一来，基于最初始的资本量和生产技术就可以实现，不需要额外资本（包括人力资本）投入便可以重复进行，当然由于这种生产不具有比较优势，因而也不能获得超越一般简单农业生产的平均收益率。扩大的农业再生产是指通过逐渐扩大原有生产规模或者采用改进技术所从事的农业生产，这种生产的预期收益率高于简单农业生产的收益率，否则，农户不会选择扩大生产或者改进技术，当然也需要更高的资本（包括人力资本）拥有量来支持这种生产。规模化或者专业化的生产投资是指传统农户逐渐从较低资本拥有量的束缚中解脱出来，能够根据资本边际收益规律安排生产经营活动，并在任何边际成本低于边际收益的条件下扩大投资，从事规模化的生产经营活动。因此，这种投资有着明显高于前两种投资机会的边际收益率和平均收益率，但同时也面临巨大的原始资本投入量。

根据上述基本假定，农户面临的三个投资机会 I_1、I_2 和 I_3 的投资平均收益率递增（$R_1 < R_2 < R_3$），但所需要的资本投入量也是递增的（如图 3-1 所示[①]），I_1 所需的资本量不超过 OB，I_2 所需的资本量至少大于 OB，I_3 所需的资本量至少大于 OC。

首先，在 OB 区域，此时对应的农户类型为道义小农，由于

① 图 3-1 的基本形式来源于陈雨露等（2010），在展开分析之前，这里我们对其做了进一步的修正，具体而言，陈雨露等（2010）在分析时使用的边际收益曲线是 MR_0（图中虚线所表示的边际收益曲线），本书在分析时使用的边际收益曲线是 MR_1。进行这种修正的原因在于，由于 MR_0 位于投资平均收益率 R_2 之下，这意味着资本量位于 OB 和 OC 之间时，农户仍然无法从正规金融市场获得借贷资金支持，这难以解释现实中的农户借贷情况。因此，本书分析使用的是修正后的边际收益曲线 MR_1。

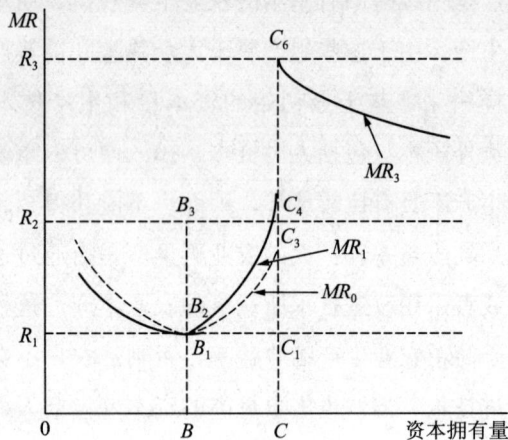

图 3‑1   不可分割的投资和断裂的资本收益曲线

资本的约束，他们即使知道新技术和新工具的投资会带来更高收益，也会放弃这样的机会。从这样的表现来看，因为初始资本的约束，农户被迫从事最简单的重复性农业生产活动，且生产效率低下，由此表现出道义小农的"风险最小化"的行为特征。此时，大多数农户只能处于收入基本能够维持生活以及下一期的重复农业生产投资，或者连这样的生产生活都不能保证，且由于自身资本拥有量太低，也难以获得外部资本支持，基本被排除在农村金融市场之外。在这一区域，由于没有新技术，所以农户资本投资的边际报酬是递减的，这种状态将一直持续到 B 点。这意味着，在很长的一段时期内，大多数此区域的农户长期无法脱离低水平均衡状态，但会有部分农户经过长期的资本积累，或者因为外在偶发事件导致其资本积累量达到 B 点，从此进入到 BC 区域。

其次，当农户的资本拥有量大于 OB 但小于 OC 时（即处于 BC 这一区间），农户可以从事 I_2 型的生产，此时对应的农户类型已经由之前的道义小农转变为理性小农，即从实际被迫追求"风险最小化"转变为开始追求"利益最大化"。当然，正如前文概念界定中所说，道义小农的行为符合经济理性，只是由于资本约束导致其被迫表现出道义小农的行为特征。一旦农户的资本量突破这一约束，则自动转变为理性小农，从而追求利益最大化。由于拥有更多的资本，农户可以对新技术和新品种等进行投资。因此，农户在这一阶段的资本边际报酬是递增的，更高的利润刺激着他们采用更好技术的内在动机和更多的资本投入，由此开始从事扩大再生产。

最后，随着农户的资本积累量增加至 C 点，真正意义的质变发生了：当资本拥有量超过 OC 时，农户将利用这一笔资本从事规模化或者专业化的生产投资 I_3，由于 I_3 代表摆脱了传统农业生产束缚，并符合现代生产规律以及边际报酬的投资机会，这促使农户由之前的理性小农转变为富有理性的农民企业家。这时，农户将面临一个突然上升的边际收益曲线 MR_3，由于 MR_3 代表着完全不同于 MR_1 的更高级生产方式，所以，在 C 点，资本边际报酬会有一个断点，并明显高于 MR_1 的平均收益水平，且符合一般厂商生产的边际报酬规律，呈现出递减特征。

3. 资本影响农户借贷行为变迁的理论分析

以上分析从理论上说明了在经济发展过程中，由于初始资本拥有量的不同，农户实际表现出的资本投资方式也不一样：在简单农业生产阶段表现为低水平重复性投资，在扩大农业再生产阶段表现为生产性投资明显增加，在规模化农业生产阶段表现为厂商型生产投资。以中国为例，随着市场化改革的推进和农村社会经济的进一步发展，总体上农户的资本积累量和收入水平在不断提高，由此表现出与农村改革之前完全不一样的行为特征，即农户在总体上发生了变迁。总体来看，在农户类型转变的过程中，农户由于借贷行为的普遍存在，势必也将发生相应的变化，这可能反映在农户借贷规模、借贷用途、借贷来源等方面。从时间趋势来看，随着受到资本约束程度的减缓（资本积累量上升），农户借贷规模会不断增加，借贷用途也逐渐从生活支出转向生产投资，甚至是扩大再生产，因而用于生产性支出的借贷资金也会不断增加，并与总借贷规模和家庭收入有明显的对应关系；借贷资金来源也应该从一开始的不借或少量私人借贷、亲友互助等，逐步转化为寻求正规金融市场的支持。因此，从长期来看，农户上述借贷行为直接促进了农户资本积累量的上升，将在农业生产经营活动中表现出与之前不同的资本投资行为，并有机会提高农户家庭总收入，从而提高其在新一轮生产经营活动中的资本投资规模，随着这一过程的反复进行，最终将实现动态意义上的农户借贷行为变迁。

为了更好地分析和理解资本对农户借贷行为变迁的影响，仍以图 3-1 为例，假设农村金融市场上商业性金融机构的平均边际资本回报率为 R_2，那么，任何低于这一回报率的生产投资都不会获得常规商业性借贷。图 3-1 中，MR_1 的大部分均位于 R_2 之下，这意味着，只有一部分采用新技术从事扩大再生产的农户（图中 BC 区域）可以从农村金融市场的商业性金融机构获得借贷支持；所有从事简单重复农业生产的农户（图中 OB 区域）和大部分采用新技术从事扩大再生产的农户（图中 BC 区域），都将无法从农村商业性金融市场完成融资过程，而只能通过政策性金融，或者亲友互助、私人借贷、甚至高利贷等非正规金融手段获得借贷机会，要解决这些农户的借贷资金需求问题，政府必须大力发展政策性农村金融，并能够清楚地界定这类农户范围。正是在这个意义上，为那些资本拥有量较低（往往与中低收入农户相对应）的农户提供必要的外部金融支持，将是促进他们借贷行为变迁和实现自身类型转变的关键。

3.1.2　农户资本与农户借贷行为：分化角度

从个体层面来看，由于农户自身及家庭特征的差异，拥有高资本量的农户借贷环境会明显好于低资本量的农户，相应的借贷行为和面临的借贷需求市场也会随之发生较大的分化，这是某一时间截面上表现为农户类型转变过程中的农户分化现象。当这种分化现象出现时，意味着在比较长的一段时间里，仍有一部分农户的生产投资模式将停留在简单农业生产阶段，依然处于资本约束的困境之中，并实际表现出道义小农的行为特征。与此同时，经过长期的资本积累和生产行为调整，大部分农户将实现类型转变，从此前的简单农业生产阶段跨入比较高级的扩大农业再生产阶段，获得的借贷资金明显提高，总资本拥有量随之上升，进而在投资过程中获得较高的资本回报率和较快的资本积累速度。在这个大部分农户中，一小部分农户由于自身生产能力、市场经营意识和家庭经济实力等原因，在扩大资本投资的过程中比其他农户更快更多地积累了资本，从而实现由扩大再生产向规模化和专业化生产模式的跨越式转变，成为农户中的精英，扮演着农村地区的企业家角色，即农民企业家。与其他农户相比，作为农民企业家的农户大多拥有大量资本积累，且往往从事的是规模化、专业化和高回报的生产经营活动。

由于在农户类型转变过程中相继出现了个体差异，并日益突显，这最终集中反映在农户分化上。考虑到资本积累对农户的重要性，一个值得关注的问题自然是，面对同一个农村金融市场，农户借贷行为将会出现何种变化？相应地，分化后的不同农户借贷约束将怎样才能有效解决？本质上，这是资本的积累过程和实现机制，下面将借助图 3-2 加以解释和说明。

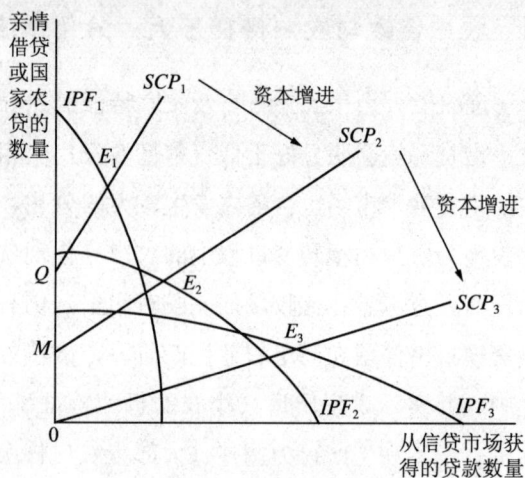

图 3-2　借贷边界、借贷偏好与农户类型转化

资料来源：陈雨露等，2010，第 255 页。

以图 3-2 为例，假设道义小农借贷行为的有效边界为 IPF_1，在 IPF_1 上农户主要通过亲友互助或者国家扶持性农贷获得贷款；相应地，SCP_1 表示道义小农的信贷偏好曲线。根据道义小农理论，在圈层结构中无法获得贷款的农户更不可能从商业信贷市场获得资金，因此，SCP_1 在纵轴上存在一个截距。道义小农的信贷均衡点为 E_1，这表示通过亲友互助的借贷或者国家政策性扶持的贷款数量远高于其从信贷市场获得的资金。而最高层次的农户的借贷有效边界为 IPF_3，扁平化的 IPF_3 曲线表示农户主要通过信贷市场获得资金。IPF_3 与 SCP_3 代表的信贷偏好曲

线的均衡点为 E_3，这表示最高层次的农户由于本身资本拥有量很大，且大多拥有抵押物等，可以进入农村正规金融市场服务的范畴中去。与此相对应，他们通过亲友互助或者国家政策性扶持的贷款数量，远低于从信贷市场获得的资金。

然而，农户不可能处于这两种极端的状态，在这两者之间，实际存在大量不同资本拥有量的农户，这些各种资本拥有水平的农户借贷行为具有不同特征。为了说明的方便，我们假设随着农户所拥有资本量的不同，共存在三种类型的农户——农户类型分化为道义小农、理性小农和农民企业家（这样绝对的分类是为了在理论上更为清楚地说明问题，而实际的情况是，不可能只存在这样纯粹的三种农户类型，而更多地表现为不同类型相交叉的复合型特征。或者说，从全国范围来看，不同农户的资本拥有量实际是连续的，不能够强行将这些农户准确的划分为各种类型。因此，本书认为，更为一般的情况是，农户分化后，其资本量在各个水平上都有分布），对应的信贷偏好曲线分别用 SCP_1、SCP_2 和 SCP_3 来表示；而他们借贷行为的有效边界分别为 IPF_1、IPF_2 和 IPF_3 表示，说明拥有越多资本的农户，其可获得借贷资金的来源更加市场化和正规化，这也符合一般商业金融理论：越富有的人，拥有的资本越多，他就越容易获得外部商业资金的融通。

3.2 社会资本促进农户资本积累和改善农户借贷环境的作用机制

从理论研究上看，社会资本影响农户借贷行为的机制可以归纳和概括如下：一方面，社会资本可弥补农户缺乏抵押品的缺陷。在中国农村地区，由于多种原因，中低收入农户大多因为无法提供有效的抵押品，很难满足农村正规金融机构发放贷款所需的要求，进而被排除在正规金融市场之外，其中相当一部分农户不得不转向民间借贷，甚至是高利贷。社会资本是农户的重要资源，其基础和载体是社会关系网络（张改清，2008）。农户社会资本状况，特别是农户在社会关系网络中所处的位置直接决定其信用水平。在金融交易中，社会资本具有类似抵押品的功能（Biggart 等，2001），非正规金融的合约执行主要不是依靠国家的法律体系，而是依靠某种民间的约束机制，其信息获取也依赖于与借款人之间的地缘及人缘关系（林毅夫等，2005）。以五户联保为核心的小额信贷，即是利用社会资本中的亲情和友情做抵押，由此达到控制信贷风险的目的（刘成玉等，2011）。

另一方面，社会资本可传递金融机构需要的农户信息。正规金融机构对农户施行信贷配给的一个重要原因是信息不对称，由此导致金融机构搜寻信息和监督农户信用行为的成本很高，但对特定区域的农户而言，其信息却非常充分，借助社会资本，金融机构可通过农户团体贷款业务、还款安排和后续贷款激励机制等，将单一的外部监督转化为内外双重监督并重，通过组织内部的制度压力和社会压力，从而提高农户还款率（张晓明等，2007）。从风险控制的角度来看，社会资本使农村正规金融机构更容易收集相关信息，降低农村各类金融机构的放贷风险，降低监督和交易成本（张晓明等，2007）。从行为特征来看，在农户生活的特定区域及关系网络中，农户对个人口碑、名声、社会评价和家族声誉等高度关注，能严格遵守信用。关于这一点，农户私人借贷大多不需要凭证，即是典型例证（褚保金等，2009）。

3.2.1 社会资本加快农户实现变迁的作用机制

农户在图 3-3 的 OB 区域时，即面临资本约束和贫困陷阱的状态下，很少有机会获得外来资本的援助；而另一部分农户虽然已经实现突破，进入了较高资本回报率的生产投资阶段中来，但是也需要获得更多的外在资金力量，更快地提高资本积累的速度，实现向规模化的高层次农户发展。总体而言，农户依靠自身的资本积累从而实现跨越的过程是缓慢而困难的，尤其对于第一类陷入资本约束的农户而言。因此，如何加快农户生产投资的变迁，帮助其更快地脱离现有的较低水平农业生产，是值得思考的问题。这里试图将社会资本纳入农户资本拥有量来考虑。

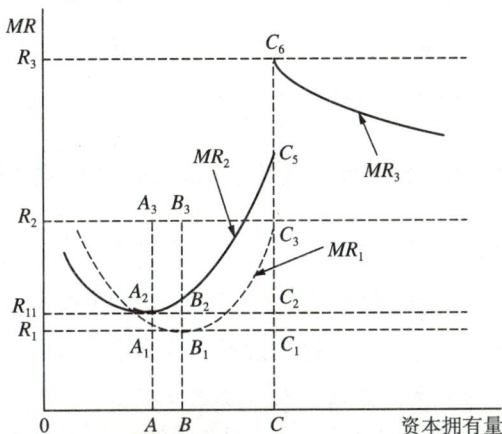

图 3-3 不可分割的投资和断裂的资本收益曲线（考虑社会资本）

如图 3-3，在原有的假设中，横轴代表在原有的农户资本拥有量，现在考虑加入农户社会资本后的情形。由于社会资本可以在某种程度上替代实物资本，或者说社会资本有类似抵押物的作用（Biggart 等，2001），因此，原先需要将实物资本积累到 B 点才能进行第二阶段生产投资的农户，只要将实物资本积累到 A 点即可完成这一跨越。同时，除了社会资本类似物质资本的作用以外，社会资本还能给农户带来更多的类似新技术和新品种方面的帮助，例如，如果农户认识一些农技人员，或者自身受教育水平较高，可以获得农业知识，使得其总体资本的边际报酬提高，即从原来的 MR_1 提高到 MR_2，从而出现了一部分资本拥有量比较接近 C 点的农户，其资本边际报酬高于 R_3，因此，域图 3-1 中的农户相比，他们更多地进入了农村正规金融机构的服务范围之内，进而获得更多的农村商业金融支持。

综合上述分析，社会资本可以帮助原先在 OB 区域受到资本约束而陷入贫困陷阱的农户进行自我突破，以及使 BC 区域农户获得更多来自正规金融机构的借贷机会，加大外部资金的补充帮助，更快地实现资本积累，从而使一部分有能力扩展到第三阶段的农户提早完成这一跨越过程。

3.2.2 社会资本改善农户借贷环境的作用机制

类似地，在同一时间截面，不同资本拥有量的农户面对相同的金融市场，如何才能使得低物质资本拥有量的农户能够扩大借贷来源？同样，我们可以将社会资本考虑进来，由于社会资本可以在一定程度上替代实物资本，因此，不同层次农户的总资本实际各自有一个增进的幅度，从而对应的信贷偏好曲线斜率也会下降，分别从原来的 SCP_1、SCP_2 和 SCP_3 变为 SCP_{11}、SCP_{22} 和 SCP_{33}；同时，所对应的借贷均衡点也分别从原来的 E_1、E_2 和 E_3 变为 E_{11}、E_{22} 和 E_{33}，这种变化充分说明，在考虑了社会资本之后，实际的情况是，农户的借贷来源更加市场化和正规化。

因此，无论从农户自身变迁的动态角度，还是农户形成分化

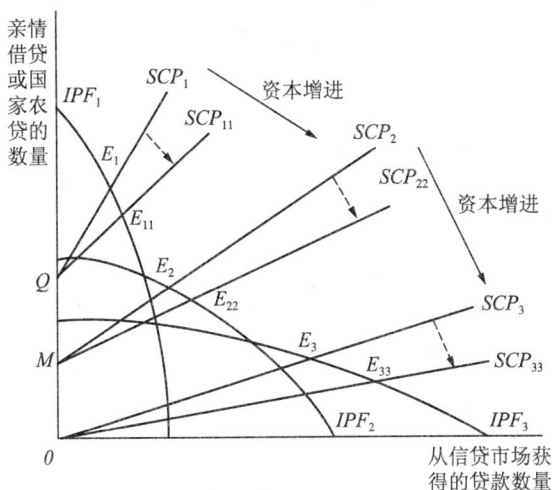

图 3 - 4 借贷边界、借贷偏好与农户类型转化（考虑社会资本）

后的静态角度来看，资本缺乏是农户长期处于低水平生产和无法获得正规信贷的主要原因，那些拥有较多资本积累的农户，获得金融资源（信贷）的能力较强。而新增的金融资源会进一步促进农户经济收入的增加，从而使其资本积累量更高。可见，获得信贷的能力和资本积累量本身互为因果，相互影响，无法独立将其中一点作为改善农户现状的源头。因此，在现阶段，对于那些存在借款难的农户来说，重视他们的社会资本有助于改善其借贷环境，并有望资本拥有量，进而解决农户借贷难。从动态的角度来看，这可以加快农户实现突破，进入到下一个更高层次的生产投资步骤中去，最终提高农户的资本边际回报率，解决农民普遍收入水平较低的难题。

3.3　结论性评论

基于上述理论框架，本书认为，农户不同的资本拥有量是决定农户进行不同收益率的生产投资的前提。从时间序列上看，这种不同的生产投资决定了农户之间出现不同速度的资本积累，进而导致农户整体从经济转型开始的低水平资本积累量发生了不同程度的变迁，并由此开始出现农户分化。

对于分化后的异质性农户，作为道义小农的第一种农户，一般只拥有很低的资本量，其生产效率水平较为低下，进行的是简单重复的农业生产，边际收益处于低水平，且向下倾斜。此时，这样的农户很难获得正规借贷，即使知道运用新技术或新生产方式来提高边际收益，他们也无力进行资本投资，改变生产效率水平。

作为理性小农的第二种农户，在变迁过程中，由于种种原因，导致他们脱离了第一种低下的农业生产模式。因此，他们在新技术或者新生产工具等的运用下，提高了边际收益，并且随着资本拥有量的提高，反过来进一步提高对新技术或新式生产工具的投入，这种扩大再生产的边际收益会逐渐提高。因此，这种类型农户的借贷行为比较多样化，既有民间借贷，也有正规借贷，其比例随资本拥有量多寡而决定：资本拥有量多，正规借贷的比例就高，反之则民间借贷比例较高。

作为农民企业家的第三种农户，他们的生产规模已经脱离了之前两种农户的生产方式。规模化农户拥有很高的资本量，且边际收益率远远高于之前的道义小农和理性小农这两种农户，他们基本不存在借贷困境的问题，是被广泛纳入正规商业信贷服务中的人群。

　　因此，从静态角度看，如何解决低资本农户的借贷难问题；从动态角度看，如何加快低生产性投资水平农户的资本积累，由此进入到更高层次的生产性投资阶段，社会资本可以起到重要的积极作用。理论上，社会资本具有信号传递功能，可将农村借贷市场的需求方以及供给方结合起来，降低农村金融供求双方的信息不对称程度，由此形成自下而上的供求平衡实现机制。根据上述逻辑，本书提出以下两个研究假说：

　　研究假说1：在中国从传统计划经济体制向市场经济体制转变的过程中，农户的资本拥有量总体上不断提高，这不仅引发了农户投资方式的显著变化，也最终导致农户借贷行为的变迁，并随着市场化程度的不断提高而加速。

　　研究假说2：伴随着农户借贷行为的变迁过程，不同农户之间的借贷行为具有明显的分化特征，这种分化因物质资本拥有量不同而得到强化，由于转型时期农村金融市场机制的不完善，作为非正式制度的社会资本对农户借贷行为分化也起着重要作用。

第 4 章

转型时期中国农户借贷行为变迁趋势分析

第 3 章的理论分析表明，从长期来看，资本初始量的不同将导致农户资本投资方式的不同，进而表现出不同的借贷行为。新中国成立以来，中国处于传统计划经济时期，农户长期处于低收入水平，且难以实现家庭资源的优化配置。农村改革开始后，上述状况发生了根本性变化，而农户作为农村地区的基本社会经济单位，其经济行为也发生了显著变化，这势必会反映在农户借贷行为上。为了考察转型时期中国农户实际借贷行为的变迁情况，本章以 1986—2009 年全国农村固定观察点农户微观调查数据为主要数据来源，在简要描述农户基本情况变化的基础上，分别从全国和区域层次分析农户年末借贷结存规模、借贷用途和借贷来源的演变情况，由此归纳和总结转型时期中国农户借贷行为变迁的演进轨迹和变迁趋势，为进一步的实证检验提供基础和依据。

4.1　数据选取说明

4.1.1　数据选取依据

农村固定观察点是一个在全国范围内按类型和抽样相结合选定村庄和农户并进行连续跟踪调查的系统，负责提供中国农村微观经济运行的重要信息和基本数据，是制定农业和农村政策的重要参考资料。本章以全国农村固定观察点公布的微观农户调查数据作为数据来源[①]，具体考察转型时期中国农户借贷行为的变迁趋势，主要是基于以下考虑：

首先，调查时期跨度大，连续性强。目前，农村固定观察点办公室已经分别于 2001 年和 2010 年两次正式公布了汇编以后的数据。除 1992 年和 1994 年因故未开展全国性农户调查外，目前公布的数据时期跨为 1986 年至 2009 年，累计达到 24 年。与中国农村改革历程相对应，特别是考虑到之前的各种调查系统缺乏对农户行为全方位的持续跟踪，这样一个长期性微观调查数据无疑是分析农户借贷行为变迁的重要参考。

其次，调查样本范围广，覆盖性强。固定观察点调查的样本数在 1991 年之前保持在大约 2.6 万个农户，900 个牧户，300 个农区村，14 个牧区村；1993 年因调整有所减少，1995 年之后基本保持在 2.1 万个农户，650 个牧户，300 个农区村，15 个牧区村。根据连续跟踪调查的原则，各省（市、自治区）选定的观察村和观察户每年均不进行更换，但对个别消亡或迁移的户从同一村庄中选择条件类似的农户予以替代。正式公布的农村固定观察点调查数据，按全国、东、中、西部经济地带和农户收入分组（将全部调查农户按家庭人均收入由低到高排序，然后分为低收入、次低收入、中等收入、次高收入、高收入 5 个农户等份分组）、分年度汇总了农户主要调查数据，集中反映了过去 24 年间被跟踪调查的 300 多个村庄 2 万多农户的社会经济状况和发展进程。汇总所使用的基础数据包括农户调查数据、村综合调查数

---

① 如果未加特殊说明，本章数据均来自全国农村固定观察点公布的微观农户调查数据。

据、牧户调查数据和牧（区）村综合调查数据，这些数据采取平时记账、年终集中汇总方式取得，具有较高的准确性。

最后，调查农户指标多，代表性强。农村固定观察点农户调查数据不仅包括农户家庭基本情况、收入开支、生产经营等信息，对本书的分析而言，特别重要的是提供了详细的农户借贷信息，在很大程度上弥补了现有各种统计年鉴缺乏农户借贷数据资料的不足。由此，借助这一调查数据资料，可以比较全面系统地分析农户借贷行为，观察其长期演变特征，为预测未来发展趋势提供依据。此外，需要说明的是，农村固定观察点曾于1993年和1995年两次修改调查指标。所以1986—1991年采用的是第一套调查指标，1993年采用的是修改了的第二套调查指标，1995年至今采用的是经两次修改的第三套调查指标。后两套调查指标保留了第一套指标中大部分内容并增加了部分新的反映当前农村社会、经济活动的指标。就农户借贷行为研究而言，这种调整对本研究的分析目标并没有根本性影响。

4.1.2 数据处理说明

本章分析中国农户借贷行为变迁时所使用的基础数据主要来源于《全国农村社会经济典型调查数据汇编（1986—1999）》（农村固定观察点办公室编写，中国农业出版社，2001年）和《全国农村固定观察点调查数据汇编（2000—2009）》（农村固定观察点办公室编写，中国农业出版社，2010年）。考虑到这两个数据来源提供的有关农户借贷行为的相关指标均为汇总后的结果，因此，在本章的具体分析中，我们对这些数据的处理大致分为两种情况：一种是根据分析目标的需要，直接选取反映农户借贷行为的相关指标，作为描述性分析的基础和依据；另一种是对反映农户借贷行为的相关指标进行进一步的处理，为更加全面和深入地分析中国农户借贷行为变迁提供数据支撑。

此外，需要特别说明的是：一方面，由于《全国农村社会经济典型调查数据汇编（1986—1999）》没有报告 1992 年和 1994 年的数据，因此，在本章部分内容的分析中，对其进行了补充；具体做法是，涉及使用 1992 年和 1994 年数据的地方，分别用 1991 年和 1993 年、1993 年和 1995 年的平均值作为代替。另一方面，由于整个分析时期跨度比较大，《全国农村社会经济典型调查数据汇编（1986—1999）》和《全国农村固定观察点调查数据汇编（2000—2009）》中关于农户借贷行为的部分指标不完全一致，并存在数据缺失的情况，此时将以所能搜集到的具体年份数据为基础，展开相应分析。这样处理的结果确实难以全面展示农户借贷行为变迁的全貌，但仍不失为考察农户借贷行为长期变迁趋势的一个重要参考。

4.2 农户基本情况变化分析

自农村改革以来，中国逐步由传统计划经济体制向市场机制转变，农村生产经营方式发生显著变化，农户在农村地区社会经济发展中的地位日益突显，并随着要素市场、产品市场和金融市场等的发展而发生显著变化。为此，本节拟从农户的人口特征、文化程度、专业技能等方面描述其演变情况，为分析农户借贷行为变迁提供基础。

4.2.1 农户家庭人口趋于下降

总体上，全国农户平均家庭常住人口和农村人口呈比较明显的下降趋势，农村人口占家庭常住人口比例和农村劳动力占家庭劳动力比例稳中有降，而农村劳动力则略有波动，且有逐渐上升趋势。农户家庭人口总量和结构的上述变化特征，与农村改革以来的劳动力流动有较大关系，尽管这种流动到目前仍受到户籍制度的明显限制。

表 4-1　1986—2009 年全国农户家庭人口和劳动力变化情况

年份	家庭常住人口	其中：农村人口	农村人口占家庭常住人口比例	家庭劳动力	其中：农村劳动力	农村劳动力占家庭劳动力比例	其中：男劳动力
1986	4.79	4.70	0.98	2.56	2.51	0.98	1.33
1987	4.77	4.66	0.98	2.59	2.53	0.98	1.34
1988	4.80	4.70	0.98	2.59	2.55	0.98	1.35
1989	4.72	4.61	0.98	2.60	2.54	0.98	1.35
1990	4.70	4.61	0.98	2.63	2.57	0.98	1.35
1991	4.64	4.55	0.98	2.59	2.54	0.98	1.35
1992	4.57	4.48	0.98	2.59	2.54	0.98	1.35
1993	4.50	4.41	0.98	2.59	2.54	0.98	1.34
1994	4.44	4.33	0.98	2.57	2.52	0.98	1.34
1995	4.37	4.25	0.97	2.55	2.49	0.98	1.33
1996	4.33	4.21	0.97	2.56	2.50	0.98	1.33
1997	4.28	4.16	0.97	2.55	2.49	0.98	1.33
1998	4.24	4.12	0.97	2.55	2.48	0.97	1.32
1999	4.21	4.10	0.97	2.55	2.49	0.98	1.32
2000	4.17	4.04	0.97	2.56	2.49	0.97	N. A.
2001	4.10	3.99	0.97	2.58	2.51	0.97	N. A.
2002	4.09	3.97	0.97	2.59	2.52	0.97	N. A.

年份	家庭常住人口	其中：农村人口	农村人口占家庭常住人口比例	家庭劳动力	其中：农村劳动力	农村劳动力占家庭劳动力比例	其中：男劳动力
2003	4.03	3.81	0.95	2.82	2.67	0.95	N. A.
2004	3.99	3.78	0.95	2.89	2.68	0.93	N. A.
2005	4.00	3.77	0.94	2.90	2.84	0.98	N. A.
2006	3.98	3.76	0.94	2.89	2.75	0.95	N. A.
2007	3.98	3.78	0.95	2.90	2.75	0.95	N. A.
2008	3.98	3.77	0.85	2.88	2.73	0.95	N. A.
2009	3.92	3.74	0.95	2.82	2.65	0.94	N. A.

注：（1）表中指标的单位为人/户；（2）N. A. 表示没有数据，下同。

具体而言，根据表 4-1 的统计数据可以看出：

（1）农户家庭常住人口数量和农村人口数量总体上均表现为缓慢下降趋势，分别从 1986 年的 4.79 人/户和 4.70 人/户，下降到 2009 年的 3.92 人/户和 3.74 人/户；但是，农村人口占农户家庭常住人口的比例只出现了比较微弱的下降，从 1986 年的 0.98 下降到 2009 年的 0.95。

（2）农户家庭劳动力数量总体上呈比较缓慢的增长态势，其中农村劳动力数量表现出小幅波动和缓慢增长的特征；农村劳动力占农户家庭劳动力的比例呈逐渐下降趋势，从 1986 年的 0.98 下降到 2009 年的 0.94；而男劳动力数量基本保持不变。

4.2.2　农村劳动力文化程度稳步提高

总体上，全国农村劳动力中文盲半文盲和小学文化程度的人数呈稳步下降趋势，初中文化程度人数呈比较明显的上升趋势，

表 4‑2　1986—2009 年全国农村劳动力文化程度变化情况

年份	文盲半文盲	小学	初中	高中以上
1986	0.63	1.02	0.70	0.16
1987	0.62	1.04	0.72	0.15
1988	0.62	1.05	0.73	0.15
1989	0.59	1.03	0.77	0.15
1990	0.59	1.04	0.79	0.15
1991	0.55	1.05	0.79	0.15
1992	0.52	1.04	0.83	0.16
1993	0.49	1.02	0.86	0.16
1994	0.52	1.04	0.83	0.16
1995	0.42	1.01	0.90	0.16
1996	0.41	1.00	0.93	0.16
1997	0.38	1.00	0.94	0.17
1998	0.36	0.98	0.96	0.18
1999	0.34	0.98	0.98	0.19
2000	0.33	0.97	1.00	0.19
2001	0.30	0.96	1.06	0.19
2002	0.28	0.93	1.10	0.21
2003	0.27	0.90	1.23	0.27
2004	0.28	0.88	1.24	0.28
2005	0.27	0.91	1.33	0.33
2006	0.27	0.84	1.29	0.35
2007	0.26	0.80	1.31	0.38
2008	0.25	0.77	1.31	0.40
2009	0.21	0.71	1.32	0.41

注：表中指标的单位为人/户。

高中文化程度人数稳步上升。农村劳动力文化程度的上述变化特征，这一方面与农村改革过程中政府部门对农村义务教育的支持，以及通过多种形式组织农民参加专业生产和经营管理技能学习有关；另一方面与农户对教育的重视程度总体上在不断提高有关。

根据表 4-2 的结果可以看出：文盲半文盲农村劳动力数量呈现出比较明显的下降趋势，从 1986 年的 0.63 人/户下降到 2009 年的 0.21 人/户，总体下降幅度为 0.42 人/户；小学文化程度农村劳动力数量也表现出比较明显的下降趋势，从 1986 年的 1.02 人/户下降到 2009 年的 0.71 人/户，总体下降幅度为 0.31 人/户；初中文化程度农村劳动力数量表现出比较明显的上升趋势，从 1986 年的 0.70 人/户增加到 2009 年的 1.32 人/户，总体增加幅度为 0.62 人/户；高中以上文化程度农村劳动力数量大致呈缓慢上升趋势，从 1986 年的 0.16 人/户增加到 0.41 人/户，增加幅度为 0.25 人/户。

4.2.3 农村劳动力技术水平不断上升

总体上，全国有技术特长农村劳动力人数总体上在缓慢下降，受过职业教育或培训的农村劳动力人数在不断上升；农户家庭年内雇请临时工人数明显增加，年内雇请长工人数表现出明显的波动性。农村劳动力专业技术水平的上述变化特征，与多年来农村地区日益增长的各种职业技术培训有一定关系，包括政府部门为劳动力输出而进行的有组织培训；这种劳动力的频繁跨区流动，也进一步加速了农户间的劳动力资源重新配置，雇工现象日趋普遍。

表 4-3 1986—2009 年全国农村劳动力专业技术水平和
农户家庭雇工情况

年份	有技术特长的农村劳动力人数	受过职业教育或培训的农村劳动力人数	年内雇请临时工（不足 6 个月）人数	年内雇请长工（6 个月以上）人数
1986	0.27	0.08	0.23	0.11
1987	0.27	0.08	0.22	0.04
1988	0.27	0.08	0.21	0.03
1989	0.27	0.09	0.23	0.04
1990	0.28	0.10	0.29	0.02
1991	0.29	0.10	0.24	0.03
1992	0.29	0.10	0.45	0.11
1993	0.28	0.10	0.66	0.18
1994	0.19	0.11	0.66	0.11
1995	0.09	0.12	0.65	0.04
1996	0.08	0.13	0.76	0.10
1997	0.08	0.13	0.59	0.09
1998	0.07	0.13	0.86	0.06
1999	0.07	0.13	0.78	0.32
2000	0.07	0.12	N. A.	N. A.
2001	0.06	0.11	N. A.	N. A.
2002	0.06	0.12	N. A.	N. A.
2003	0.11	0.17	N. A.	N. A.
2004	0.12	0.18	N. A.	N. A.
2005	0.13	0.20	N. A.	N. A.
2006	0.13	0.20	N. A.	N. A.
2007	0.13	0.21	N. A.	N. A.
2008	0.14	0.21	N. A.	N. A.
2009	0.14	0.25	N. A.	N. A.

注：（1）第一列数据中，1994 年以前统计的是有技术特长的农村劳动力人数，由于调查指标的调整，1995 年起为有专业技术职称的农村劳动力人数；（2）表中各项指标的单位为人/户。

根据表 4 - 3 的统计数据可以看出：有技术特长的农村劳动力人数总体上呈先下降后上升的变化趋势，最大下降幅度为 0.23 人/户，最大上升幅度为 0.08 人/户；受过职业教育或培训的农村劳动力人数总体上呈缓慢上升趋势，从 1986 年的 0.08 人/户上升到 0.25 人/户，上升幅度为 0.17 人/户；农户年内聘请临时工（不足 6 个月）人数呈比较明显的增长态势，从 1986 年的 0.23 人/户增加到 1999 年的 0.78 人/户，增加幅度为 0.55 人/户；农户年内聘请长工（6 个月以上）人数变化表现出明显的波动性特征，最小值为 1990 年的人/户，最大值为 1999 年的 0.32 人/户。

4.3　农户借贷行为变迁的基本趋势

根据本研究对农户借贷行为的概念界定，为了对转型时期中国农户借贷行为变迁的基本表现和发展趋势有一个全面的认识，进而为检验资本对农户借贷行为变迁的影响提供基础，本节重点分析全国农户年末借贷结存规模、借贷用途和借贷规模等。

4.3.1　农户年末借贷结存规模扩大化

总体上，农户年末借出款余额保持较快增长，年末借入款余额保持快速增长，其中，银行和信用社贷款也保持较快增长。导致这种变化的原因在于，农村改革以来农户家庭收入明显提高，消费和投资相应提高，资金需求上升，同时农村正规金融市场也实现了较快发展，农户融资环境总体上趋于宽松。

表 4-4 1986—2009 年全国农户年末结存情况（单位：元/户）

年份	年末贷款余额	年末借出款余额	年末借入款余额	其中：银行和信用社贷款
1986	134.37	113.28	281.34	N. A.
1987	159.99	128.25	376.13	N. A.
1988	180.50	148.58	515.90	N. A.
1989	180.06	175.17	625.17	N. A.
1990	169.17	189.10	636.06	N. A.
1991	185.48	209.46	749.09	N. A.
1993	N. A.	248.13	811.57	139.71
1995	N. A.	325.27	1020.44	216.72
1996	N. A.	444.22	1421.36	303.52
1997	N. A.	474.04	1481.00	283.36
1998	N. A.	392.51	1501.28	207.34
1999	N. A.	463.97	1725.97	261.79
2000	N. A.	455.35	1703.24	263.97
2001	N. A.	450.84	1709.31	285.74
2002	N. A.	482.26	1751.04	337.35
2003	N. A.	495.67	1736.47	356.67
2004	N. A.	509.08	1721.90	375.99
2005	N. A.	573.40	1820.00	426.00
2006	N. A.	525.70	1857.00	533.70
2007	N. A.	619.80	1828.10	435.30
2008	N. A.	772.43	1855.45	490.61
2009	N. A.	816.79	2244.89	614.39

根据表 4-4 可以看出：一方面，农户年末借出款余额总体上呈稳步上升趋势，从 1986 年的 113.28 元/户上升到 2009 年的

816.79 元/户，上升幅度为 703.51 元/户。另一方面，农户年末借入款余额总体上表现为快速上升趋势，从 1986 年的 281.34元/户上升到 2009 年的 2244.89 元/户，上升幅度达到 1963.55元/户；其中，在农户年末借入款余额中，来自银行和信用社的贷款在总体上也表现出比较明显的上升趋势，从 1993 年的139.71 元/户上升到 614.39 元/户，上升幅度为 474.68 元/户。

4.3.2　农户借贷用途生产化

总体上，生活性支出是农户借贷的主要用途；生产性借款规模稳步提高，在农户借贷中的比例总体上在提高，但增长速度相对缓慢，其中用于农林牧渔业的借款比例相对稳定。导致农户借贷用途生产化的可能原因在于，生产性投资是农户提高家庭总福利的根本途径，当具备条件时，农户倾向于增加生产性投资；同时，农业是农户生存和发展的基本保障，相应的投资仍是必要的，而不断攀升的各类农资价格也在一定程度上提高了农业生产投资规模，在现行的城乡二元结构体制下，农业生产对农户仍具有基础性作用。

根据表 4-5 可以看出：（1）农户生活性借款从 1993 年的342.86 元/户增加到 2009 年的 1467.51 元/户，增加幅度为1124.65 元/户。（2）农户生产性借款从 1993 年的 496.94 元/户增加到 2009 年的 916.81 元/户，增加幅度为 419.87 元/户；其中，农户用于农林牧渔业借款从 1993 年的 130.53 元/户增加到2009 年的 297.17 元/户，增加幅度为 166.64 元/户。

年份	年内累计借入款金额 a	生活性借款 f	生产性借款 g	其中：用于农林牧渔业 g1	f/a＊100％	g/a＊100％	g/f	g1/g＊100％
1993	840.05	342.86	496.94	130.53	40.81	59.16	1.45	26.27
1994	965.45	421.90	543.43	172.51	43.70	56.29	1.29	31.74
1995	1090.85	500.94	589.91	214.48	45.92	54.08	1.18	36.36
1996	1307.32	693.32	614.00	190.92	53.03	46.97	0.89	31.09
1997	1229.96	734.15	495.81	140.08	59.69	40.31	0.68	28.25
1998	1319.47	713.79	605.68	191.95	54.10	45.90	0.85	31.69
1999	1446.02	808.09	637.93	144.56	55.88	44.12	0.79	22.66
2000	1450.43	717.33	733.33	151.95	49.46	50.56	1.02	20.72
2001	1477.78	913.92	564.45	135.69	61.84	38.20	0.62	24.04
2002	1416.00	674.15	741.42	176.26	47.61	52.36	1.10	23.77
2003	1709.93	860.64	849.29	211.36	50.33	49.67	0.99	24.89
2004	1643.55	758.90	868.56	221.44	46.17	52.85	1.14	25.50
2005	1716.50	866.00	848.10	283.00	50.45	49.41	0.98	33.37
2006	1784.40	1000.10	782.80	242.00	56.05	43.87	0.78	30.91
2007	1669.30	999.20	819.60	241.57	59.86	49.10	0.82	29.47
2008	2125.24	1174.56	1084.85	241.14	55.27	51.05	0.92	22.23
2009	2384.32	1467.51	916.81	297.17	61.55	38.45	0.62	32.41

注：（1）2007 年农户"用于农林牧渔业"借款数据疑有明显错误，这里用 2006 年和 2008 年的平均值作为替代。对下文中的表 4－12、表 4－13 和表 4－14 也做了同样的处理。（2）表中各项指标的单位分别为元/户和％。

此外，从农户借贷用途结构来看，（1）生活性借款占农户年内累计借入款金额的比例总体上呈明显上升趋势，从 1993 年的 40.81％上升到 2009 年的 61.55％，上升幅度为 20.74％。（2）生产性借款占农户年内累计借入款金额的比例总体上呈下降趋势，从 1993 年的 59.16％下降到 2009 年的 38.45％，下降近幅度为 20.71％；其中，用于农林牧渔业借款占农户生产性借款的比例总体上呈"W"形变化，两个最低点分别为 2000 年的 20.72％和 2008 年的 22.23％，三个最高点分别为 1995 年的 36.36％、2005 年的 33.37％和 2009 年的 32.41％。（3）农户借贷用途中，生产性借款与生活性借款之比总体上呈下降趋势，从 1993 年的 1.45 下降到 2009 年的 0.62，下降幅度为 0.83；与此同时，生产性借款与生活性借款之比在不同年份之间表现出明显的波动性变化特征。

4.3.3　农户借贷来源正规化

总体上，私人借款是农户最重要借贷来源，且无息借款占据绝对优势地位；银行和信用社贷款在波动中保持较快增长。导致农户借贷来源正规化的可能原因是，尽管长期以来在农村地区形成的血缘和地缘等关系，决定了私人借贷和无息借贷在农户借贷来源中的主导地位，特别是中西部地区，但农村改革产生的冲击作用日趋明显已是不争的事实，农村正规金融市场的作用不断增强，扩大了农户的借贷选择机会。当然，与农户借贷需求相比，农村正规金融市场的有效供给仍明显不足，这也使得非正规借贷仍是农户的重要资金来源，特别是中低收入农户。

根据表 4－6 可以看出，农户借贷资金的最主要来源分别是私人借贷、银行和信用社贷款。其中：（1）农户私人借款从 1993 年的 607.20 元/户增加到 2009 年的 1470.66 元/户，增加幅度为 863.46 元/户；在农户私人借款中，无息借款从 1993 年的 369.71 元/户增加到 2009 年的 972.29 元/户，增加幅度为 602.58 元/户。（2）农户银行和信用社贷款从 1993 年的 180.74 元/户增加到 2009

年的 884.37 元/户，增加幅度为 703.63 元/户。

在农户借贷来源的具体构成方面：（1）农户私人借款始终保持绝对优势地位，所占比例在 33.80％～47.35％变化，在较长的时间内均明显高于银行和信用社贷款；其中，无息借款在农户私人借款中所占比例一直在 49.20％～81.4％，是农户私人借款的主要来源。（2）农户银行和信用社贷款所占比例总体上呈不断上升趋势，从 1993 年的 21.52％上升到 2009 年的 37.09％。值得注意的是，农户银行和信用社贷款所占比例在 2008 年曾一度超过私人借款 7.22％。

4.4　农户借贷行为变迁的区域特征

4.4.1　农户年末借贷结存规模的区域差异显著

1. 东部地区农户年末借贷结存规模

总体上，东部地区农户年末借出款余额总体上呈比较明显的上升趋势，年末借入款余额总体上表现为快速上升趋势，来自银行和信用社的贷款总体上也表现出比较明显的上升趋势。根据表 4-7 可以看出：一方面，东部地区农户年末借出款余额从 1986 年的 152.12 元/户上升到 2009 年的 1513.17 元/户，上升幅度为 1361.05 元/户。另一方面，农户年末借入款余额从 1986 年的 372.70 元/户上升到 2009 年的 3132.42 元/户，上升幅度达到 2759.72 元/户；其中，农户年末借入款余额中，来自银行和信用社的贷款从 1993 年的 122.00 元/户上升到 1041.58 元/户，上升幅度为 919.58 元/户。

表 4 - 6 1993—2009 年全国农户借贷资金来源情况

年份	年内累计借入款金额 a	银行和信用社贷款 b	合作基金会借款 c	私人借款 d	其中：无息借款 d1	其他 e	b/a* 100%	c/a* 100%	d/a* 100%	d/b	d1/d* 100%
1993	840.05	180.74	36.95	607.20	369.71	15.10	21.52	4.40	44.01	3.36	60.89
1994	965.45	221.98	48.47	673.74	376.81	21.24	22.99	5.02	39.03	3.04	55.93
1995	1090.85	263.21	59.99	740.27	383.91	27.38	24.13	5.50	35.19	2.81	51.86
1996	1307.32	332.82	48.41	902.04	465.20	24.05	25.46	3.70	35.58	2.71	51.57
1997	1229.96	293.89	35.70	866.30	469.09	34.07	23.89	2.90	38.14	2.95	54.15
1998	1319.47	276.49	45.56	975.88	483.60	21.54	20.95	3.45	36.65	3.53	49.56
1999	1446.02	354.82	49.80	1002.92	514.58	38.48	24.54	3.44	35.59	2.83	51.31
2000	1450.43	428.26	6.65	995.55	520.09	19.97	29.53	0.46	35.86	2.32	52.24
2001	1477.78	429.09	11.60	1015.19	499.46	21.90	29.04	0.78	33.80	2.37	49.20
2002	1416.00	371.04	7.09	1015.96	541.00	22.00	26.20	0.50	38.21	2.74	53.25
2003	1709.93	562.15	N. A.	1130.84	694.36	16.94	32.88	N. A.	40.61	2.01	61.40
2004	1643.55	563.86	N. A.	1045.96	676.71	33.74	34.31	N. A.	41.17	1.85	64.70
2005	1716.50	614.2	N. A.	1060.20	688.30	42.10	35.78	N. A.	40.10	1.73	64.92
2006	1784.40	670.7	N. A.	1057.80	706.10	55.90	37.59	N. A.	39.57	1.58	66.75
2007	1669.30	643.8	N. A.	970.70	790.40	54.80	38.57	N. A.	47.35	1.51	81.43
2008	2125.24	905.7	N. A.	1151.92	752.30	67.62	42.62	N. A.	35.40	1.27	65.31
2009	2384.32	884.37	N. A.	1470.66	972.29	29.28	37.09	N. A.	40.78	1.66	66.11

注：表中各项指标的单位分别为元/户和%。

2. 中部地区农户年末借贷结存规模

总体上，中部地区农户年末借出款余额总体上呈逐步上升趋势，年末借入款余额总体上表现为快速上升趋势，来自银行和信用社的贷款在总体上呈缓慢上升趋势。根据表 4 - 7 可以看出：一方面，中部地区农户年末借出款余额从 1986 年的 104.78 元/户上升到 2009 年的 475.64 元/户，上升幅度为 370.86 元/户。另一方面，农户年末借入款余额从 1986 年的 271.08 元/户上升到 2009 年的 1603.59 元/户，上升幅度达到 1332.51 元/户；其中，在农户年末借入款余额中，来自银行和信用社的贷款从 1993 年的 136.44 元/户上升到 188.89 元/户，上升幅度为 52.45元/户。

3. 西部地区农户年末借贷结存规模

总体上，西部地区农户年末借出款余额总体上呈缓慢上升趋势，年末借入款余额总体上表现为快速上升趋势，来自银行和信用社的贷款在总体上也表现出比较明显的上升趋势。根据表 4 - 7可以看出：西部地区农户年末借出款余额从 1986 年的 62.33 元/户上升到 2009 年的 236.30 元/户，上升幅度为 173.97 元/户。农户年末借入款余额从 1986 年的 146.71 元/户上升到 2009 年的1818.10 元/户，上升幅度达到 1671.39 元/户；其中，在农户年末借入款余额中，来自银行和信用社的贷款从 1993 年的 168.62元/户上升到 586.02 元/户，上升幅度为 417.40 元/户。

表4-7 1986—2009年三大区域农户年末结存情况

年份	东部地区			中部地区			西部地区		
	年末借出款余额	年末借入款余额	其中：银行、信用社贷款	年末借出款余额	年末借入款余额	其中：银行、信用社贷款	年末借出款余额	年末借入款余额	其中：银行、信用社贷款
1986	152.12	372.70	N. A.	104.78	271.08	N. A.	62.33	146.71	N. A.
1987	178.98	493.49	N. A.	115.93	353.28	N. A.	61.16	210.71	N. A.
1988	219.93	770.91	N. A.	131.13	464.90	N. A.	79.16	249.98	N. A.
1989	262.94	916.70	N. A.	144.22	524.23	N. A.	92.02	346.32	N. A.
1990	300.35	929.20	N. A.	131.98	525.73	N. A.	110.77	372.68	N. A.
1991	330.21	1106.59	N. A.	160.73	631.69	N. A.	116.24	430.64	N. A.
1993	371.69	1256.36	122.00	207.15	580.45	136.44	134.53	518.22	168.62
1995	449.06	1420.64	190.42	250.49	799.26	207.02	260.72	781.73	267.88
1996	761.15	2046.92	347.91	266.57	1040.34	241.73	253.85	1090.14	331.01
1997	855.50	2166.93	278.64	300.93	1183.92	243.69	195.72	959.53	348.55
1998	669.15	2113.05	175.61	265.59	1300.00	201.07	226.42	1023.98	255.26
1999	848.48	2603.09	210.33	260.77	1259.36	192.03	236.24	1211.00	432.75
2000	838.03	2547.01	259.84	263.03	1297.31	204.33	215.58	1150.07	352.38
2001	851.59	2598.51	300.63	252.00	1220.60	170.33	221.72	1266.93	427.21
2002	886.47	2684.41	450.32	317.17	1268.92	175.45	224.56	1287.35	416.04
2003	208.28	589.58	107.77	86.58	304.42	54.20	45.37	296.92	121.05

年份	东部地区			中部地区			西部地区		
	年末借出款余额	年末借入款余额	其中：银行、信用社贷款	年末借出款余额	年末借入款余额	其中：银行、信用社贷款	年末借出款余额	年末借入款余额	其中：银行、信用社贷款
2004	849.47	2563.08	556.88	347.63	1332.02	212.19	255.51	1081.56	358.60
2005	1109.40	2698.50	625.50	305.30	1400.70	253.80	208.50	1193.20	393.70
2006	975.30	2711.70	679.10	316.60	1582.50	403.30	229.50	1116.10	528.60
2007	1046.30	2312.60	498.30	391.80	1641.60	304.50	305.30	1352.30	547.50
2008	1478.82	2743.32	877.12	404.84	1434.09	216.63	241.44	1127.26	308.89
2009	1513.17	3132.42	1041.58	475.64	1603.59	188.89	236.30	1818.10	

4.4.2 农户借贷用途的区域差异比较明显

1. 东部地区农户借贷用途

总体上，东部地区农户生活性借款规模和所占比例总体上均呈快速增长态势；生产性借款规模增长缓慢，所占比例总体上在下降，其中用于农林牧渔业借款规模和比例均具有明显的波动性。

根据表4－8中可以看出：（1）东部地区的农户生活性借款从1993年的448.04元/户增加到2009年的1751.03元/户，增加幅度为1302.99元/户。（2）农户生产性借款从1993年的747.25元/户增加到2009年的1040.04元/户，增加幅度为292.79元/户；其中，农户用于农林牧渔业借款从1993年的123.10元/户增加到2009年的347.10元/户，增加幅度为224.00元/户。

此外，从农户借贷用途结构来看：（1）东部地区的农户生活性借款占年内累计借入款金额的比例总体上呈明显上升趋势，从1993年的37.49％上升到2009年的62.74％，上升幅度为25.25％。（2）生产性借款占农户年内累计借入款金额的比例总体上呈下降趋势，从1993年的62.52％下降到2009年的37.26％，下降近幅度为25.26％；其中，用于农林牧渔业借款占农户生产性借款的比例总体上呈上升趋势，从1993年的16.47％上升到2009年的33.37％，上升幅度为16.90％。（3）农户借贷用途中，生产性借款与生活性借款之比总体上呈下降趋势，从1993年的1.67下降到2009年的0.59，下降幅度为1.08；与此同时，生产性借款与生活性借款之比在不同年份之间表现出一定的波动性变化特征。

表 4-8   1993—2009 年东部地区农户借贷用途情况（单位：元）

年份	年内累计借入款金额 a	生活性借款 f	生产性借款 g	其中：用于农林牧渔业 gl	f/a *100%	g/a *100%	g/f	gl/g *100%
1993	1195.22	448.04	747.25	123.10	37.49	62.52	1.67	16.47
1994	1351.52	542.76	808.80	243.34	40.16	59.84	1.49	30.09
1995	1507.82	637.47	870.35	363.57	42.28	57.72	1.37	41.77
1996	1716.03	872.05	843.98	294.52	50.82	49.18	0.97	34.90
1997	1505.24	954.88	550.36	138.43	63.44	36.56	0.58	25.15
1998	1753.76	928.17	825.59	207.46	52.92	47.08	0.89	25.13
1999	2038.27	1101.25	937.02	179.36	54.03	45.97	0.85	19.14
2000	1993.04	966.02	987.01	204.12	48.47	49.52	1.02	20.68
2001	2082.05	1335.52	746.53	198.51	64.14	35.86	0.56	26.59
2002	1701.17	788.85	912.45	217.66	46.37	53.64	1.16	23.85
2003	1845.12	1016.68	828.44	150.31	55.10	44.90	0.81	18.14
2004	1816.15	884.10	932.05	257.02	48.68	51.32	1.05	27.58
2005	2003.30	1104.10	899.20	369.70	55.11	44.89	0.81	41.11
2006	2092.10	1207.90	884.20	253.70	57.74	42.26	0.73	28.69
2007	1878.10	1186.50	812.90	273.26	63.18	43.28	0.69	33.61
2008	2705.65	1429.67	1457.14	292.81	52.84	53.86	1.02	20.09
2009	2791.07	1751.03	1040.04	347.10	62.74	37.26	0.59	33.37

2. 中部地区农户借贷用途

总体上，中部地区农户生活性借款规模快速增长，所占比例稳中有升；生产性借款规模增长缓慢，且所占比例总体上在下降，其中用于农林牧渔业借款规模和比例总体上在增长，但具有明显的波动性。

表 4-9 1993—2009 年中部地区农户借贷用途情况（单位：元）

年份	年内累计借入款金额 a	生活性借款 f	生产性借款 g	其中：用于农林牧渔业 g1	f/a*100%	g/a*100%	g/f	g1/g*100%
1993	586.55	290.25	296.29	98.27	49.48	50.51	1.02	33.17
1994	733.92	377.76	356.16	96.75	51.47	48.53	0.94	27.16
1995	881.29	465.27	416.02	95.22	52.79	47.21	0.89	22.89
1996	1037.47	633.46	404.01	111.18	61.06	38.94	0.64	27.52
1997	1163.84	693.50	470.34	133.14	59.59	40.41	0.68	28.31
1998	1084.01	663.61	420.40	110.53	61.22	38.78	0.63	26.29
1999	1105.05	669.10	435.95	98.18	60.55	39.45	0.65	22.52
2000	1064.07	629.51	434.57	113.03	59.16	40.84	0.69	26.01
2001	963.33	639.42	323.91	87.05	66.38	33.62	0.51	26.87
2002	1179.00	638.50	540.95	161.32	54.16	45.88	0.85	29.82
2003	1410.02	742.63	667.40	244.94	52.67	47.33	0.90	36.70
2004	1412.93	669.35	740.93	243.56	47.37	52.44	1.11	32.87
2005	1480.80	774.00	702.20	291.80	52.27	47.42	0.91	41.56
2006	1718.70	991.00	725.60	324.70	57.66	42.22	0.73	44.75
2007	1592.10	960.20	734.20	284.23	60.31	46.12	0.76	38.71
2008	1663.01	1035.36	747.40	243.76	62.26	44.94	0.72	32.61
2009	1806.44	1217.79	588.65	349.54	67.41	32.59	0.48	59.38

根据表 4-9 可以看出：（1）中部地区的农户生活性借款从 1993 年的 290.25 元/户增加到 2009 年的 1217.79 元/户，增加幅度为 927.54 元/户。（2）农户生产性借款从 1993 年的 296.29 元/户增加到 2009 年的 588.65 元/户，增加幅度为 292.36 元/户；其中，农户用于农林牧渔业借款从 1993 年的 98.27 元/户增加到 2009 年的 349.54 元/户，增加幅度为 251.27 元/户。

此外，从农户借贷用途结构来看：（1）中部地区的农户生活性借款占年内累计借入款金额的比例总体上呈明显上升趋势，从1993年的49.48％上升到2009年的67.41％，上升幅度为17.93％。（2）生产性借款占农户年内累计借入款金额的比例总体上呈下降趋势，从1993年的50.51％下降到2009年的32.59％，下降近幅度为17.92％；其中，用于农林牧渔业借款占农户生产性借款的比例总体上呈逐渐上升趋势，从1993年的33.17％上升到2009年的59.38％，上升幅度为26.21％。（3）农户借贷用途中，生产性借款与生活性借款之比总体上呈下降趋势，从1993年的1.02下降到2009年的0.48，下降幅度为0.54；与此同时，生产性借款与生活性借款之比在不同年份之间表现出一定的波动性变化特征。

3. 西部地区农户借贷用途

总体上，西部地区农户生活性借款规模快速增长，所占比例总体上在上升，但具有明显的波动性；生产性借款规模增长较快，所占比例总体上有所下降，但表现出一定的波动性，其中用于农林牧渔业借款规模总体上在下降，所占比例呈明显下降态势。

根据表4-10可以看出：（1）西部地区的农户生活性借款从1993年的270.65元/户增加到2009年的1399.10元/户，增加幅度为1128.45元/户。（2）农户生产性借款从1993年的429.42元/户增加到2009年的1220.00元/户，增加幅度为790.58元/户；其中，农户用于农林牧渔业借款从1993年的185.37元/户下降到2009年的139.10元/户，下降幅度为46.27元/户。

表 4 - 10 1993—2009 年西部地区农户借贷用途情况 （单位：元）

年份	年内累计借入款金额 a	生活性借款 f	生产性借款 g	其中：用于农林牧渔业 g1	f/a＊100％	g/a＊100％	g/f	g1/g＊100％
1993	701.12	270.65	429.42	185.37	38.60	61.25	1.59	43.17
1994	756.39	315.99	439.88	182.43	41.78	58.15	1.39	41.47
1995	811.65	361.32	450.33	179.49	44.52	55.48	1.25	39.86
1996	1121.62	526.81	594.81	160.47	46.97	53.03	1.13	26.98
1997	942.26	485.17	457.09	152.65	51.49	48.51	0.94	33.40
1998	1108.91	518.34	590.57	285.61	46.74	53.26	1.14	48.36
1999	1135.81	611.39	524.42	164.49	53.83	46.17	0.86	31.37
2000	1234.45	444.67	789.82	136.86	36.02	63.98	1.78	17.33
2001	1326.66	672.85	654.03	124.02	50.72	49.30	0.97	18.96
2002	1341.00	557.11	784.27	147.30	41.54	58.48	1.41	18.78
2003	1946.57	804.90	1141.67	251.30	41.35	58.65	1.42	22.01
2004	1738.82	711.04	967.98	136.26	40.89	55.67	1.36	14.08
2005	1653.10	665.20	985.30	149.40	40.24	59.60	1.48	15.16
2006	1470.10	736.80	730.50	107.20	50.12	49.69	0.99	14.67
2007	1459.00	761.40	970.10	132.72	52.19	66.49	1.27	13.68
2008	1928.23	992.39	1019.68	158.24	51.47	52.88	1.03	15.52
2009	2619.10	1399.10	1220.00	139.10	53.42	46.58	0.87	11.40

此外，从农户借贷用途结构来看：（1）西部地区的农户生活性借款占年内累计借入款金额的比例总体上呈明显上升趋势，从1993 年的 38.60％上升到 2009 年的 53.42％，上升幅度为14.82％。（2）生产性借款占农户年内累计借入款金额的比例总体呈下降趋势，从1993 年的 61.25％下降到 2009 年的 46.58％，下降近幅度为 14.67％；其中，用于农林牧渔业借款占农户生产

性借款的比例总体呈快速下降趋势，从 1993 年的 43.17％下降到 2009 年的 11.40％，下降幅度为 31.77％。（3）农户借贷用途中，生产性借款与生活性借款之比总体上呈下降趋势，从 1993 年的 1.59 下降到 2009 年的 0.87，下降幅度为 0.72；与此同时，生产性借款与生活性借款之比在不同年份之间表现出比较明显的波动性变化特征。

4.4.3 农户借贷来源的区域差异不明显

1. 东部地区农户借贷来源

私人借款是东部地区农户最重要借贷来源，且无息借款占据绝对优势地位；银行和信用社贷款增长具有明显的波动性，在波动中保持较快增长。根据表 4 - 11（见 P80 页）可以看出：（1）农户私人借款从 1993 年的 971.51 元/户增加到 2009 年的 1565.21 元/户，增加幅度为 593.70 元/户；其中，无息借款从 1993 年的546.08 元/户增加到 2009 年的 963.79 元/户，增加幅度为 417.71 元/户。（2）农户银行和信用社贷款从 1993 年的 145.55 元/户增加到 2009 年的 1168.19 元/户，增加幅度为 1022.64 元/户。在借贷来源构成上：（1）东部地区农户私人借款所占比例在 47.46％～84.18％变化，在大多数年份要明显高于银行和信用社贷款；其中，无息借款在农户私人借款中所占比例在 37.78％～78.78％。（2）农户银行和信用社贷款所占比例总体呈上升趋势，从 1993 年的 12.18％上升到 2009 年的 41.85％，但这种上升具有明显的波动性。

2. 中部地区农户借贷来源

中部地区农户借款绝对部分是私人借款，且无息借款占据绝对优势地位；银行和信用社贷款规模和所占比例总体上均呈明显下降趋势。根据表4-12（见P81页）可以看出：（1）农户私人借款从1993年的415.88元/户增加到2009年的1329.47元/户，增加幅度为913.59元/户；其中，无息借款从1993年的292.45元/户增加到2009年的1031.73元/户，增加幅度为739.28元/户。（2）农户银行和信用社贷款从1993年的152.62元/户增加到2009年的476.55元/户，增加幅度为323.93元/户。

从借贷来源构成上分析：（1）农户私人借款所占比例在41.38%～58.63%变化，明显高于银行和信用社贷款；其中，无息借款在农户私人借款中所占比例在56.58%～83.95%。（2）农户银行和信用社贷款所占比例维持在17.93%～41.64%，表现出明显的波动性特征。

3. 西部地区农户借贷来源

在西部地区，农户借款的最主要来源是私人借款，且无息借款占据绝对优势地位；银行和信用社贷款规模和所占比例均呈不断上升趋势。根据表4-13（见P82页）可以看出：（1）农户私人借款从1993年的369.74元/户增加到2009年的1535.70元/户，增加幅度为1165.96元/户；在农户私人借款中，无息借款从1993年的233.49元/户增加到2009年的895.58元/户，增加幅度为662.09元/户。（2）农户银行和信用社贷款先从1993年的268.12元/户上升到2009年的1055.21元/户，增加幅度为787.09元/户。

在西部地区农户的借贷来源构成上：（1）农户私人借款所占比例在54.36%～81.26%，明显高于银行和信用社贷款；其中，无息借款在农户私人借款中所占比例在33.87%～82.51%。（2）农户银行和信用社贷款所占比例稳中有升，基本维持在33.79%～56.24%。

（单位：元）

表4-11 1993—2009年东部地区农户借贷资金来源情况

年份	年内累计借入款金额 a	银行和信用社贷款 b	合作基金会借款 c	私人借款 d	其中：无息借款 d1	其他 e	b/a*100%	d/a*100%	d/b	d1/d*100%
1993	1195.22	145.55	56.21	971.51	546.08	21.95	12.18	81.28	6.67	56.21
1994	1351.52	182.69	85.20	1041.44	482.99	42.20	13.52	77.06	5.70	46.38
1995	1507.82	219.83	114.19	1111.36	419.89	62.44	14.58	73.71	5.06	37.78
1996	1716.03	382.91	48.84	1244.97	562.04	39.31	22.31	72.55	3.25	45.14
1997	1505.24	203.07	28.30	1231.00	644.55	42.87	13.49	81.78	6.06	52.36
1998	1753.76	238.64	23.55	1476.37	664.68	15.20	13.61	84.18	6.19	45.02
1999	2038.27	425.88	76.39	1479.61	684.59	56.39	20.89	72.59	3.47	46.27
2000	1993.04	530.23	3.88	1443.05	650.81	15.28	26.60	72.40	2.72	45.10
2001	2082.05	582.91	0.68	1471.07	665.29	27.39	28.00	70.65	2.52	45.22
2002	1701.17	338.76	4.36	1316.57	598.00	41.00	19.91	77.39	3.89	45.42
2003	1845.12	487.7	N.A.	1331.53	823.91	25.89	26.43	72.16	2.73	61.88
2004	1816.15	562.84	N.A.	1223.05	765.32	30.26	30.99	67.34	2.17	62.57
2005	2003.30	622.8	N.A.	1318.70	860.20	61.80	31.09	65.83	2.12	65.23
2006	2092.10	619.6	N.A.	1400.80	926.10	71.70	29.62	66.96	2.26	66.11
2007	1878.10	647	N.A.	1143.60	900.90	87.50	34.45	60.89	1.77	78.78
2008	2705.65	1292.98	N.A.	1283.99	783.34	128.68	47.79	47.46	0.99	61.01
2009	2791.07	1168.19	N.A.	1565.21	963.79	57.68	41.85	56.08	1.34	61.58

表4-12　1993—2009年中部地区农户借贷资金来源情况

（单位：元）

年份	年内累计借入款金额 a	银行和信用社贷款 b	合作基金会借款 c	私人借款 d	其中：无息借款 d1	其他 e	b/a*100%	d/a*100%	d/b	d1/d*100%
1993	586.55	152.62	8.41	415.88	292.45	9.63	26.02	70.90	2.72	70.32
1994	733.92	205.61	14.85	505.03	355.79	8.43	28.02	68.81	2.46	70.45
1995	881.29	258.60	21.29	594.17	419.12	7.23	29.34	67.42	2.30	70.54
1996	1037.47	252.81	33.81	743.20	446.29	7.65	24.37	71.64	2.94	60.05
1997	1163.84	309.52	41.26	806.68	482.71	6.38	26.59	69.31	2.61	59.84
1998	1084.01	216.73	27.50	831.64	470.55	8.14	19.99	76.72	3.84	56.58
1999	1105.05	220.77	22.20	846.17	498.60	15.91	19.98	76.57	3.83	58.92
2000	1064.07	226.10	4.30	819.86	546.90	13.81	21.25	77.05	3.63	66.71
2001	963.33	172.70	1.50	782.76	507.20	6.37	17.93	81.26	4.53	64.80
2002	1179.00	279.19	3.47	889.02	625.00	7.00	23.68	75.40	3.18	70.30
2003	1410.02	379.22	N.A.	1000.26	691.08	30.54	26.89	70.94	2.64	69.09
2004	1412.93	471.5	N.A.	901.06	724.06	40.37	33.37	63.77	1.91	80.36
2005	1480.80	530.4	N.A.	913.90	695.10	36.50	35.82	61.72	1.72	76.06
2006	1718.70	715.6	N.A.	934.20	702.10	68.90	41.64	54.36	1.31	75.16
2007	1592.10	532.3	N.A.	1024.80	860.30	35.00	33.43	64.37	1.93	83.95
2008	1663.01	594.5	N.A.	1032.74	863.74	35.77	35.75	62.10	1.74	83.64
2009	1806.44	476.55	N.A.	1329.47	1031.73	0.42	26.38	73.60	2.79	77.60

表4-13　1993—2009年西部地区农户借贷资金来源情况

（单位：元）

年份	年内累计借入款金额 a	银行和信用社贷款 b	合作基金会借款 c	私人借款 d	其中：无息借款 d1	其他 e	b/a* 100%	d/a* 100%	d/b	d1/d* 100%
1993	701.12	268.12	49.87	369.74	233.49	13.21	38.24	52.74	1.38	63.15
1994	756.39	299.52	45.18	401.22	257.68	10.39	39.60	53.04	1.34	64.22
1995	811.65	330.91	40.48	432.70	281.87	7.56	40.77	53.31	1.31	65.14
1996	1121.62	378.95	69.23	647.07	355.14	26.37	33.79	57.69	1.71	54.88
1997	942.26	397.93	37.84	443.85	203.38	62.64	42.23	47.10	1.12	45.82
1998	1108.91	406.07	97.80	557.08	277.86	47.96	36.62	50.24	1.37	49.88
1999	1135.81	452.55	53.67	582.74	306.87	46.85	39.84	51.31	1.29	52.66
2000	1234.45	556.04	13.61	646.59	309.38	18.21	45.04	52.38	1.16	47.85
2001	1326.66	591.50	45.19	652.27	220.92	37.72	44.59	49.17	1.10	33.87
2002	1341.00	550.87	16.48	758.66	335.00	15.00	41.08	56.57	1.38	44.16
2003	1946.57	856.56	N.A.	1028.59	511.57	61.42	44.00	52.84	1.20	49.74
2004	1738.82	704.31	N.A.	1005.67	476.21	28.84	40.51	57.84	1.43	47.35
2005	1653.10	721.7	N.A.	908.60	438.60	22.80	43.66	54.96	1.26	48.27
2006	1470.10	623.6	N.A.	793.90	419.10	52.60	42.42	54.00	1.27	52.79
2007	1459.00	820.6	N.A.	603.80	498.20	34.60	56.24	41.38	0.74	82.51
2008	1928.23	778.43	N.A.	1127.95	538.34	21.85	40.37	58.50	1.45	47.73
2009	2619.10	1055.21	N.A.	1535.70	895.58	28.25	40.29	58.63	1.46	58.32

4.5　结论性评论

　　自农村改革以来，中国逐步由传统计划经济体制向市场机制转变，农户在农村地区社会经济发展中的地位日益突显，其生产经营方式发生显著变化；同时，要素市场、产品市场和金融市场等的不断发展，逐渐促进了农户借贷行为变迁。为了对转型时期中国农户借贷行为变迁的基本表现和发展趋势有一个全面的分析和判断，进而为检验资本对农户借贷行为变迁的影响提供基础，本章在描述农户个体及家庭特征变化的基础上，重点从全国和区域层次分析了农户借贷行为变迁情况，并得到以下基本结论：

　　在中国农村改革过程中，农村地区剩余劳动力被释放出来，并且留守农村的劳动力整体素质在提高，农户之间雇工情况日趋频繁，这与改革初期相比有根本性变化。与此相对应，总体上农户借贷行为也发生了显著变迁：借贷结存规模明显扩大，生产性支出占借贷总额的比例稳步上升，借贷来源总体越来越趋于正规化。在市场化进程中，随着资本积累量的增加，总体上中国农户生产投资意愿在增强，对资本需求不断增加；经过一段时间后，仅凭自有资本已经无法满足农户生产经营需要，迫切需要从农村金融市场获得借贷资金，以弥补日趋扩大的资金缺口，改进生产方式，实现更高的资本回报和收入增长，这与第 3 章的理论判断是一致的。对东中西部地区的进一步比较分析发现，农户年末借贷结存规模和借贷用途存在显著的区域差异，总体上地区经济越发达，农户资本拥有量越大，其借贷规模就越大，且借贷用途就越偏向生产化；但不同区域的农户借贷来源差异不明显，现阶段的农户发展程度与农村金融市场发展水平之间存在明显的供求失衡，农户借贷需求远未被满足，特别是农村正规金融机构的有效供给能力亟待提高。

综上所述，根据第 3 章的理论分析和第 4 章的描述性分析，本书初步证实，随着中国农户类型的总体转变和资本拥有量的增加，农户借贷行为也随之发生相应的变迁；从动态视角来看，借贷行为向更高层次的跨越进一步了提高了农户未来的资本回报，由此加速农户资本积累速度，为投资规模扩张提供良好基础，从而进入良性循环，资本对农户借贷行为变迁的作用初步显现。基于上述发现，更为重要的问题是，在农户借贷行为的总体变迁过程中，所有农户的表现是否一致？如果不是，则说明农户借贷行为变迁过程中将伴随着分化现象，这对农村金融改革将意味着什么？进一步地，资本在上述过程中究竟起着怎样的作用？考察资本所起的作用对解决农户借贷资金需求具有怎样的政策含义？本书的第 5 章、第 6 章和第 7 章将通过翔实和严谨的分析分别对上述问题进行回答。

转型时期中国农户借贷行为变迁的实证检验

　　理论分析表明，从长期来看，随着资本积累量的增加，农户将由最初的道义小农转化为理性小农，部分农户进一步转化为农民企业家；在这一转变过程中，农户借贷行为也相应地发生了变迁。第4章的描述性分析结果初步证明，在转型时期，总体上中国农户个体及家庭特征已经发生明显变化，其基本类型也随之发生相应的变迁；与此相对应，无论是全国层面还是东中西部三大区域，对农户借贷规模、借贷用途和借贷来源等方面的分析发现，农户借贷行为也发生了比较明显的变迁，并具有一定的区域性特征。基于以上分析，本章将关注的重点问题是，从转型时期中国农户借贷行为变迁的实际情况来看，资本在其中究竟起到了什么样的作用，这不仅是对理论结论的进一步检验和完善，也是对更为准确认识和把握中国市场化改革过程中农户借贷行为变迁的重要依据。为此，本章将根据第3章理论分析和第4章描述性分析的基础上，构建计量经济模型进行实证分析，具体检验研究假说1。

5.1　变量选取与模型构建

5.1.1　变量选取

1. 物质资本

此处需要说明的是：由于本章实证受所使用的固定观察点数据的限制，其中对于非物质资本没有单独的分类，因此，在此实证中无法将物质资本与非物质资本准确的分开，并分析不同类型的资本在推动农户转型，进而出现借贷行为变迁的实证检验。但是，由于此处所重点考察的是随着时间的推移，资本对于农户借贷行为变迁的影响，因此，从资本积累量的角度来说，本身也包含了物质资本和非物质资本的共同作用，即本书选取的物质资本积累中，实际也含有前期非物质资本对其产生的作用。虽然无法将两者准确分开，但是以物质资本作为替代，从时间序列角度来说，也可以起到类似作用。

具体而言，用于实证分析的物质资本主要包括：（1）固定资产。根据农村固定观察点的调查设计，这里的固定资产仅限于生产性固定资产，即农民家庭在各业生产和经营过程中可长期使用，并在使用过程中长期保持原有实物形态的主要劳动资料。包括役畜、种畜、产品畜、大中型铁木农具、农林牧渔业机械、工业机械，运输机械、生产用房以及其他生产用固定资产①。相应地，年末生产性固定资产原值是指农民家庭年末全部生产性固定资产原值，包括自有自用、与他人合有合用、承包集体使用以及

---

　　　　①　更为详细的说明可以参见农村固定观察点办公室的指标解释。

租赁使用的等，但所有权归己长期租赁给他人或单位使用的，不包括在内。

（2）耕地面积。耕地是指种植农作物、经常进行耕锄的田地，包括熟地、当年新开荒地、连续撂荒未满三年的耕地和当年的休闲地（轮歇地），包括以种植农作物为主并附带种植桑树、果树、茶树和其他林木的土地以及沿海、沿湖地区已围垦利用的海涂、湖田等，但不包括专业性的桑田、果园、茶园、果木苗圃、林地、天然草等。经营耕地面积是指家庭年末或年初实际经营的全部耕地面积，包括实际承包集体生产的耕地面积和家庭自营耕地面积（自留地、饲料地和零星开荒地），还包括经营他人的转包耕地面积，但不包括转包给他人耕种或为他人临时耕种的耕地面积。

2. 市场化

本章衡量市场化的数据来自樊纲等（2010）的《中国市场化指数——各地区市场化相对进程报告 2009 年报告》。该报告从政府与市场的关系、非国有经济的发展、产品市场的发育程度、要素市场的发育程度、市场中介组织的发育和法律制度环境等五个主要方面对市场化程度进行了度量，在此基础上将上述五个指数合并为市场化进程相对指数，由此反映各省在市场化进程中的相对水平，市场化进程相对指数越高，表示该省市场化程度越高。由于本章在模型估计时使用的三大区域层面汇总后的农户平均数据，与此相对应，这里先对各省按区域进行分组，然后将相应区域各省市场化指数进行加总，并计算其平均值，作为区域市场化程度的替代。

3. 物质资本与市场化的交互项

在转型时期，中国市场化改革在不断推进，市场化程度总体上在不断提高。在这个过程中，为了考察物质资本对农户借贷行为变迁的作用是否发生变化，以及将发生何种变化，本章在计量经济模型的估计中引入了物质资本与市场化的交互项。

表 5-1 变量设置及取值说明

变量类型	变量代码	变量名称	取值说明
因变量	*crescal*	借贷规模	农户年内累计借贷资金
	*crepurp*1	借贷用途倾向	生活性借贷资金与生产性借贷资金之比
	*crepurp*2	生产性支出占借贷资金比例	生产性支出占年内累计借贷资金的比例
	*crepurp*3	生产性支出占家庭收入比例	生产性支出占农户家庭全年总收入的比例
	cresour	借贷来源倾向	正规借贷来源与非正规借贷来源之比
	forcres	正规借贷占借贷资金比例	正规借贷来源资金占年内累计借贷资金的比例
自变量			
物质资本	*passet*	固定资产	农户年末拥有生产性固定资产原值
	land	耕地面积	农户年末经营耕地面积
市场化	*market*	市场化	反映相对市场化程度的指数
物质资本与市场化的交互项	*passet* × *market*	固定资产与市场化的交互项	
	land × *market*	耕地面积与市场化的交互项	
控制变量	*edu*	文化程度	家庭中初中和高中及以上文化程度人数
	pros	专业技能	家庭中有专业技术职称、受过职业教育或培训的劳动力人数
	nlabor	家庭非农就业劳动力	家庭中常年从事非农就业的劳动力人数

4. 控制变量

由于本书使用的全国层面的农户数据，为了更加准确地考察农户借贷行为变迁中物质资本与市场化的作用，这里还引入了农户个体及家庭特征变量，作为整个模型分析的控制变量，主要包括农户文化程度、专业技能、家庭非农劳动力情况。

用于实证分析的计量经济模型所使用的各变量设置及取值说明详见表 5-1。

5.1.2 模型构建

根据第三章的理论分析结论，在中国从传统计划经济体制向市场经济体制转变的过程中，随着经济的发展和农户收入水平的提高，农户所拥有的资本量也在不断提高，从动态角度来看，这将促使农户投资方式发生显著变化，由此导致农户借贷行为的变迁。为了检验上述理论判断，这里将构建计量经济模型进行相应的实证检验，其基本形式如下：

$$Y = \beta_0 + \beta_1 passet + \beta_2 land + \beta_3 market + \beta_4 market \times passet$$
$$+ \beta_5 market \times land + \beta_6 edu + \beta_7 pros + \beta_8 nlabor + \mu$$

其中，Y 分别表示农户借贷规模、借贷用途和借贷来源，$market$ 为市场化指数，$nLabor$ 为农户家庭非农务工人员数，$passet$ 表示农户生产性固定资产原值，$land$ 表示耕地面积，$passet \times market$ 表示固定资产与市场化的交互项，$land \times market$ 表示耕地面积与市场化的交互项，edu 表示文化程度，$pros$ 表示专业技能，$nlabor$ 表示家庭非农就业劳动力，β 表示待估系数，μ 表示随机误差项。

在具体的模型形式和模型估计方面，当因变量为农户借贷规模、借贷用途倾向和借贷来源倾向时，由于这些变量的取值均为连续变量，这里采用的是多元线性回归模型，相应的估计方法为最小二乘估计；当因变量为生产性支出占借贷资金比例、生产性支出占家庭收入比例和正规借贷占借贷资金比例时，为0～1的连续变量，这里采用的是受限因变量 Tobit 模型，相应的估计方法为极大似然估计。

5.2 数据说明与样本特征

本章实证分析所使用的主要数据来源与第 4 章基本一致，具体情况此前已经详细说明，此处不再赘述；同时，本章在讨论变量选取时已经对市场化指数的来源进行了解释。在具体的样本构成上，由于目前正式公布的农村固定观察点数据是汇总以后的全国及东中西部地区农户数据，而没有更为详细的微观层次农户数据，因此，考虑到本章分析目标的需要，这里以汇总后的东中西部地区农户为基本研究单位。此外，由于在模型的解释变量中涉及市场化指数，目前正式公布的市场化指数时期跨度为1997—2007 年，所以，本章在实证分析时最终将样本时期跨度确定为1997—2007 年。根据上述对分析样本来源和处理情况的说明，这里报告了各个变量的描述性统计结果（见表 5 - 2），并进行简要分析。

根据表 5 - 2 的统计结果，被解释变量中，农户借贷规模变量平均值为 1.53；农户借贷来源倾向变量平均值为 1.16；生产性支出占农户借贷资金比例变量平均值为 0.47；生产性支出占农户家庭收入比例变量平均值为 0.12；农户借贷来源倾向变量平均值为 0.32；正规借贷占农户借贷资金比例变量平均值为

0.32。解释变量中,农户固定资产变量平均值为 6.63；耕地面积变量平均值为 7.29；市场化指数变量平均值为 5.39；市场化与固定资产的交互项变量平均值为 38.00；市场化与耕地面积变量平均值为 37.41；农户文化程度变量平均值为 1.37；农户专业技能变量平均值为 0.25；农户家庭非农就业劳动力变量平均值为 0.88。

表 5-2　各个变量的描述性统计结果

	均值	标准差	最小值	最大值
crescal	1.53	0.36	0.94	2.09
*crepurp*1	1.16	0.34	0.56	1.97
*crepurp*2	0.47	0.07	0.34	0.64
*crepurp*3	0.12	0.07	0.03	0.26
cresour	0.50	0.25	0.16	1.29
forcres	0.32	0.10	0.13	0.56
passet	6.63	1.66	3.98	10.55
land	7.29	2.51	4.23	11.03
market	5.39	1.78	2.88	9.54
market × *passet*	38.00	21.55	13.15	99.12
market × *land*	37.41	14.51	22.31	76.22
edu	1.37	0.23	1.05	1.82
pros	0.25	0.09	0.10	0.44
nlabor	0.88	0.30	0.25	1.51

5.3　模型估计结果解释

综合上述分析，这里分别以农户借贷规模、农户借贷用途和农户借贷来源为被解释变量进行了回归分析，表5-3、表5-4和表5-5分别报告了各个计量经济模型估计的主要结果。

1. 资本对农户借贷规模变化的影响

（1）物质资本

一方面，固定资产变量对农户借贷规模的影响为正，并在10%的显著性水平上通过检验，这表明随着固定资产水平的上升，农户借贷规模有逐步扩大的趋势。理论上，农户资本积累量提高后，其投资方式和规模均发生相应变化，对借贷资金需求量也相应提高，这也是适应农户生产经营活动的需要。从实际情况来看，农户对借贷资金的需求规模，由于其拥有的固定资产可以很好地充当抵押品，并对放贷人形成较好的收入预期，因而比较容易得到借贷资金，特别地，对于那些固定资产水平越高的农户，其越容易进入良性循环。另一方面，耕地面积变量对农户借贷规模的影响为负，但在统计上不显著，这说明农户耕地面积增加对农户借贷规模的作用不明显。关于这一结果的可能解释是，农户经营规模决定了其农业生产投资规模，相应的资金需求有限，真正需要从外部借贷来完成农业生产的往往是一少部分大规模经营农户。

（2）市场化

市场化变量对农户借贷规模的影响为正，并在10%的显著性水平上通过检验，这意味着随着中国市场化程度的不断提高，农户借贷规模总体上呈不断扩大的发展趋势，农户借贷行为趋于活跃。总体而言，在市场机制的作用下，农户直接面对要素和产品市场成为可能，基本理性的存在决定了农户将不断优化家庭资源配置，以努力寻求对外部环境的最佳适应。因此，在市场化程度不断提高的过程中，农户将不断调整其决策，具体到借贷规模上，也将产生同样的影响。

（3）物质资本与市场化的交互项

一方面，固定资产与市场化的交互项对农户借贷规模的影响为正，并在10%的显著性水平上通过检验，这说明随着市场化程度的不断提高，固定资产对扩大农户借贷规模有越来越重要的积极作用，即市场化强化了固定资产的作用。对于那些拥有较多固定资产的农户而言，市场化将为其提供更为有利的农村金融市场环境，从而在更大限度上释放固定资产的回报率，这促使农户形成和实现更大规模的借贷活动。另一方面，耕地面积与市场化的交互项对农户借贷规模的影响为负，但在统计上不显著，这表明在中国市场化进程中，耕地面积对扩大农户借贷规模的作用并不明显。这一结果与第4章的描述性分析结果是一致的，因此，市场化进程并不能从根本上改变耕地面积对农户借贷规模变化的作用。

（4）控制变量

文化程度变量对农户借贷规模的影响为负，但在统计上不显著，这意味着文化程度的提高并不必然带来农户借贷规模的扩大，甚至会有所下降。专业技能变量对农户借贷规模的影响为负，并在10%的显著性水平上通过检验，这表明拥有专业技能的农户借贷规模有下降的趋势。家庭非农劳动力变量对农户借贷规模的影响为正，但在统计上不显著，这说明从事非农生产经营活动可能会扩大农户借贷规模。

表5-3　资本影响农户借贷规模变化的模型估计结果

	系数	P 值
passet	0.1931*	0.101
land	−0.1451	0.107
market	0.0685*	0.075
market × *passet*	0.0166*	0.086
market × *land*	−0.0193	0.170
edu	−0.4499	0.301
pros	−0.1433*	0.095
nlabor	0.2674	0.363
常数项	1.2670	0.284
组内 R^2	0.8529	
组间 R^2	0.8906	
$Prob > chi2$	0.0000	

注：*、**和***分别表示估计结果在10%、5%和1%的水平上显著。

2. 资本对农户借贷用途变化的影响

（1）物质资本

一方面，固定资产变量对农户借贷用途倾向的影响为负，并在5%的显著性水平上通过检验；对生产性支出占借贷资金比例和生产性支出占家庭收入比例的影响均为正，并在1%的显著性水平上通过检验，这表明随着固定资产水平的上升，农户借贷资金用于生产性支出将有显著提高。可能的原因在于，农户决策考虑的是家庭福利最大化，无论是追求风险最小化还是利润最大化，这都是农户理性选择的结果，生产性借贷支出的增加有助于在更高水平上实现农户家庭总福利的增加。另一方面，耕地面积变量对农户借贷用途倾向的影响为负，但在统计上不显著；对生产性支出占借贷资金比例的影响为正，但在统计上不显著；对生产性支出占家庭收入比例的影响为正，并在1％的显著性水平上通过检验。这说明随着耕地面积的扩大，农户借贷资金用于生产性支出的增长不明显，可能与农户自身投资经营能力相关。

（2）市场化

市场化变量对农户借贷用途倾向的影响为负，对生产性支出占借贷资金比例和生产性支出占家庭收入比例的影响为正，且都在5％的显著性水平上通过检验，这说明随着市场化程度的不断提高，农户借贷资金用于生产性支出的比例显著增加，因此，市场化起到了调动农户生产积极性的作用。

（3）物质资本与市场化的交互项

一方面，固定资产与市场化的交互项对农户借贷用途倾向的影响为负，对生产性支出占借贷资金比例和生产性支出占家庭收入比例的影响为正，且在统计上都是显著的，这表明随着市场化程度的提高，固定资产的增加对农户生产性借贷支出具有显著的促进作用，市场化起到了强化农户生产性支出的作用。另一方面，耕地面积与市场化的交互项对农户借贷用途倾向的影响为正，对生产性支出占借贷资金比例的影响为负，但在统计上均不显著；对生产性支出占家庭收入比例的影响为负，并在1％的显著性水平上通过检验，这说明随着市场化程度的不断提高，耕地面积扩大对农户借贷用途的影响并不明显。

（4）控制变量

文化程度变量对农户借贷用途倾向的影响为负，对生产性支出占借贷资金比例和生产性支出占家庭收入比例的影响为正，但在统计上均不显著，这说明文化程度的提高并不会明显扩大农户的生产性借贷支出。专业技能变量对农户借贷用途倾向的影响显著为负，对生产性支出占借贷资金比例的影响显著为正，对生产性支出占家庭收入比例的影响为正，但在统计上不显著，这说明拥有专业技能可以比较明显地提高农户生活性借贷支出。家庭非农就业劳动力变量对农户借贷用途倾向的影响显著为正，对生产性支出占借贷资金比例的影响显著为负，对生产性支出占家庭收入比例的影响为负，但在统计上不显著，这说明从事非农就业劳动力人数的增加能比较明显地扩大农户生活性借贷支出。

表 5-4　资本影响农户借贷用途变化的模型估计结果

	借贷用途倾向		生产性支出占借贷比例		生产性支出占收入比例	
	系数	P 值	系数	P 值	系数	P 值
passet	− 0.4106 **	0.024	0.1172 ***	0.002	0.1455 ***	0.001
land	− 0.1020	0.431	0.0342	0.191	0.0775 ***	0.010
market	− 0.4685 **	0.031	0.1465 **	0.026	0.1614 **	0.021
market × *passet*	− 0.0489 **	0.036	0.0142 ***	0.003	0.0167 ***	0.001
market × *land*	0.0204	0.320	− 0.0063	0.125	− 0.0119 ***	0.011
edu	− 0.0971	0.869	0.0703	0.577	0.0656	0.615
pros	1.7125 **	0.034	− 0.4615 ***	0.008	− 0.0184	0.911
nlabor	1.0380 ***	0.008	− 0.2634 ***	0.004	− 0.0204	0.818
常数项	4.1797 **	0.022	− 0.3550	0.298	− 1.2711 ***	0.002
组内 R^2	0.7513					
组间 R^2	0.4992					
$Prob > chi2$	0.0000		0.0000		0.0014	
Log *likelihood*			54.1173		52.9259	

注：*、** 和 *** 分别表示估计结果在 10%、5% 和 1% 的水平上显著。

3. 资本对农户借贷来源变化的影响

（1）物质资本

固定资产变量对农户借贷来源倾向和正规借贷占借贷资金比例的影响均为正，且均在5％的显著性水平上通过检验，这说明随着固定资产的增加，农户从正规金融市场获得借贷的机会显著增加，一个可能的解释是，固定资产的抵押品功能发挥了重要作用，降低了农户进入农村正规金融市场的准入门槛。耕地面积变量对农户借贷来源倾向和正规借贷占借贷资金比例的影响均为正，且均在10％的显著性水平上通过检验，这表明耕地面积的扩大有利于比较明显地提高农户被正规金融机构认可的概率，可能的原因是，尽管土地不能成为抵押品，但却可以起到传递信息的作用，形成对农户的某种收入预期，降低违约风险。

（2）市场化

市场化变量对农户借贷来源倾向和正规借贷占借贷资金比例的影响均为正，且均在10％的显著性水平上通过检验，这意味着市场化程度的不断提高能比较明显地改善农户在正规金融市场上的借贷环境，有必要指出的是，尽管从全国情况来看，农户借贷难问题一直比较突出，但总体上在仍取得明显进展。

（3）物质资本与市场化的交互项

一方面，固定资产与市场化的交互项对农户借贷来源倾向和正规借贷占借贷资金比例均为正，并在10％的显著性水平上通过检验，这说明随着市场化程度的提高，固定资产水平的上升可以比较明显地增加农户的正规金融借贷机会，因而，市场化促进了农村正规金融总量供给的增加，直接改善了农村金融市场环境，由此提高农户获得正规金融机构借贷支持的机会。另一方面，耕地面积与市场化的交互项对农户借贷来源倾向的影响为负，但在统计上不显著；对正规借贷占借贷资金比例的影响为负，并在10%的显著性水平上通过检验，这表明随着市场化程度的不断提高，耕地面积的扩大对农户正规借贷活动的影响并不明显，一个可能的解释是，土地本身目前尚未成为农村金融市场的有效抵押品。

表 5-5　资本影响农户借贷来源变化的模型估计结果

	借贷来源倾向		正规借贷占借贷资金比例	
	系数	P 值	系数	P 值
passet	0.0926 **	0.041	0.0390 **	0.033
land	0.0023 *	0.097	0.0081 *	0.078
market	0.0657 *	0.0741	0.0375 *	0.053
market × passet	0.0069 *	0.0625	0.0026 *	0.059
market × land	− 0.0010	0.192	− 0.0014	0.175
edu	0.2993	0.157	0.1790	0.203
pros	2.0084 ***	0.000	0.7868 ***	0.000
nlabor	− 0.9372 ***	0.000	− 0.4479 ***	0.000
常数项	− 0.2763	0.798	− 0.0983	0.798
组内 R^2	0.8274			
组间 R^2	0.6064			
Prob > chi2	0.0000		0.0000	
Log *likelihood*			50.6631	

注：*、** 和 *** 分别表示估计结果在10%、5%和1%的水平上显著。

（4）控制变量

文化程度变量对农户借贷来源倾向和正规借贷占借贷资金比例的影响均为正，但在统计上不显著，这说明文化程度的提高有利于改善农户的正规借贷环境。专业技能变量对农户借贷来源倾向和正规借贷占借贷资金比例的影响均为正，且均在1%的显著性水平上通过检验，这说明拥有专业技能可以显著提高正规金融机构对农户的认可度。家庭非农就业劳动力变量对农户借贷来源倾向和正规借贷占借贷资金比例的影响均为负，且均在1%的显著性水平上通过检验，这说明较多地从事非农就业能显著提高农户的非正规借贷机会。

5.4 进一步讨论：农户借贷行为变迁与农村金融改革

自农村改革以来，中国农村金融改革路径并非需求导向，农户更是长期被排除在正规商业金融市场之外，历次农村金融改革对农户借贷行为变迁的关注明显不够，最终导致农户借贷难问题悬而未决，改革效果与预期目标相差较大，需要反思和调整。

首先，农村金融改革并未很好地体现需求导向。1978年以来，中国农村金融改革主要是围绕金融体制的整体改革和农村信用社的局部改革反复进行，最为关键的包括：1979年将农村信用社纳入农业银行系统进行管理，1984年重新强调农村信用社的群众性、民主性和灵活性，1996年建立健全合作金融、商业性金融和政策性金融"三位一体"的农村金融体系，2003年农村信用社管理体制和产权改革（潘林，2009）。通过回顾历次农村金融改革可以发现，改革的短期性和阶段性特征比较突出，而改革路径则始终是自上而下的政府主导，对农村金融需求主体缺乏充分的考虑，由此导致农村地区金融发展明显滞后于社会经济发展，正规金融供给不足，缺乏有效监管的非正规金融盛行，既没有解决农村地区各类主体特别是小农户的融资问题，也不利于农村金融市场健康发展。

其次，农户借贷需求的有效解决有赖于多层次农村金融体系。作为小规模经营的农户，其借贷需求往往具有形式灵活、手续简洁、时效性强等特点，这从根本上决定了他们比较偏好非正规金融市场。事实上，从世界范围来看，对于那些存在小农经济的国家而言，完全依靠商业性金融来解决小农借贷问题的成功实践并不存在。从中国的实际情况来看，一方面，非正规金融在农村地区有着巨大的需求市场，并得到快速发展；另一方面，长期以来，中国农村非正规金融市场在改革过程中并未得到充分重视，同时也缺乏有效的监管，近期频繁发生的民间借贷事件即是典型例证。不过，值得肯定的是，近年来政府部门已经在试点和推广新型农村金融机构，这对未来中国农村金融市场发展将起到积极推动作用，或许是缓慢农户借贷难问题的一种途径。

最后，农户类型转变及借贷行为变迁是今后农村金融改革的重要依据。转型时期中国农村地区经济发展中的一个基本事实是，由农户类型转变所延伸出的农户借贷行为变迁，且这一现象越来越突出，这是未来中国农村金融改革中需要加以重视和认真解决的。就政策支持而论，在以往的农村金融改革政策设计中，农户是被纳入金融服务范围之内的。但是，优惠的政策金融在每个阶段都是被那个时期最有钱的农户侵占，失去了类似扶贫的作用。这样，就使得那些处在贫困陷阱中的农户要依靠自身力量，通过长时间痛苦的积累才能完成自我突破，甚至有部分农户无法完成，至今都处于这样的资本约束之下，成为赤贫户，这导致了农户在整体变迁过程中出现极大的贫富不均衡。同时，在变迁的后期，由于转型产生的变迁导致农户的异化不仅体现在一般意义上的传统农区与发达农区，即使在同一地区，由于所处的特殊经济和社会环境，农户之间也会出现异质化的发展。因此，如何将农户借贷行为变迁这一现实与农村金融改革政策设计相结合，促进农村金融市场分层，进一步明确不同类型农村金融机构的服务边界，形成有序分工和有效协作的基本格局，将是解决农户借贷问题的有效途径。

5.5 结论性评论

理论分析表明，在中国经济转型过程中，随着社会经济发展水平的不断提高和农户收入水平的不断增长，农户拥有的资本量也在持续增加，这导致农户投资方式不断发生变化，在长期将实现由量变到质变的转变，最终促进农户借贷行为的变迁，并在市场化进程中被进一步强化。为了验证上述判断，本章以转型时期为背景，运用区域层次的农户面板数据，在考虑市场化影响的基础上，构建计量经济模型分析了物质资本对农户借贷行为变迁的影响，并得到以下基本结论：

随着时间的变化，农户资本积累量总体上在不断提高，这显著促进了农户借贷行为变迁，这集中反映在农户借贷规模持续扩大、借贷用途趋于生产化、借贷来源日益正规化等方面。这进一步证实了第3章的理论判断，即只要可以摆脱最初的资本约束，农户资本积累量的上升就会促使其进行更高水平的生产投资，并由于较高的资本回报率，也将加强农户获得外部资金特别是商业性金融机构借贷支持的能力，进而促进其资本更快地积累，最终进入资本与借贷互相促进的良性循环。由此，我们有理由认为，随时时间的推移，农户完全有可能通过自有资本积累而发生质变，从而改进生产投资方式，提高资本回报率，以获得更多的外部资本（包括商业性金融资本）支持，提高家庭总收入水平，并在新一轮生产经营周期中实现更快的自我发展。

但是，有必要指出的是，现实中中国农村地区的农户情况并不那么乐观，农户的现实情况并不那么乐观，并不是所有的农户都随着总体趋势的提升而进入了这样的良性循环，实现自我发展。相反，由于多种因素的作用，农户之间开始出现分化，这种趋势日趋明显。尽管中国农户的平均资本拥有量在不断提高，其借贷行为和借贷环境也在往更高层次发展，然而这只是一部分农户拉高了总体水平而已。仍然有很大一批农户无论是自有资本量还是获得外部资本支持的能力，都处于较低水平，他们仍然面临不同程度的资本约束，而不能进入资本与借贷互相促进的良性循环。在短期内，这部分农户的自有资本不可能迅速提高，如何提高他们的借贷能力，缓解其借贷困境是研究者和政策制定者需要思考的重要问题。为此，如何认识农户类型转变后的借贷行为分化状况，特别是考虑到借贷难是农户面临的突出问题，有必要讨论农户借贷行为分化中的资本作用，即农户如何获得资本，并影响其借贷行为和收入水平，这是农村金融改革的重要依据。第6章和第7章将围绕这一问题做进一步的探讨。

中国农户借贷行为分化的特征性事实

前文分析清楚地表明，改革以来中国农户总体上已经发生根本性变化，其借贷行为发生了明显的变迁。随着农村改革的不断深化和农村社会经济的发展，农户之间已经出现明显分化，这已成为当前中国农户的重要基本特征。为此，有必要讨论的一个核心问题是，农户分化以后的借贷行为分化情况如何？对这个问题的准确理解和回答，将是把握农户借贷需求的关键一环。

为了分析目前中国农户借贷行为分化情况，本章以全国八省农户实地数据为基础，在简要描述农户个体及家庭基本特征差异的基础上，一方面从借贷规模、借贷用途、借贷来源、借贷期限、借贷条件等方面分析全国农户借贷行为分化的总体特征，另一方面从文化程度、经营规模、兼业程度、收入水平、固定资产等方面分析不同类型农户借贷行为分化的主要特征，由此归纳和总结目前中国农户借贷行为分化的一般性特征，为进一步的实证检验提供基础和依据。

6.1　农户抽样调查设计

本章分析所使用的数据①来自课题组在全国八个省份的农户

---

① 　如果未加特殊说明，本章分析所使用的数据均来自于该项调查。

实地调查，调查问卷内容主要包括农户基本情况、农户对农村金融的认知情况、农户融资情况、农户所在村庄的社会环境情况等四大部分。调查样本的基本抽样原则：首先，按全国东中西三大区域的划分，按人均收入排序后随机抽取样本省份，其中，东部地区3个省份，中部地区4个省份，西部地区1个省份；其次，以人均收入为基准，将样本省份的各个县排序，在江苏、河北和安徽分别随机抽取5个县，其他省份分别随机抽取2个县，其中，新疆地区实际只调查了1个县，这样最终用于实地调查的共有24个县；最后，在每个县，以乡镇为基本单位，随机抽取50个农户为调查样本。

按照各样本县的地级市归属，具体调查地点分布情况如下：江苏盐城、泰州、扬州和苏州，山东济南和临沂，河北石家庄、唐山和张家口，安徽安庆、巢湖、滁州、宿州和宣城，河南漯河和商丘，湖北荆州和天门，山西吕梁和晋城，新疆乌鲁木齐。

为了尽可能保证问卷信息的真实性和完整性，课题组采用入户调查的方式。本次调查时间为2011年1月至2月，总共发放问卷1200份，回收问卷1174份，回收率为97.8%，剔除调查信息不完整后的最终有效问卷为1158份，有效率为96.5%。其中，有借贷需求的农户数为1003户，占有效样本的比例为86.6%；实际发生借贷行为的农户数为579户，占有效样本的比例为50%，占有借贷需求农户的比例为57.7%。

6.2　农户个体及家庭基本特征

农户个体及家庭特征是影响其借贷行为的基本因素。为了更好地考察农户借贷行为分化情况，本节着重分析全国样本农户个体及家庭基本特征，其中，农户个体特征变量包括户主年龄、文化程度、政治身份、非农就业、专业技能情况等；农户家庭特征变量包括人口、收入总量及结构、耕地面积、家庭开支、固定资产等。表6-1到表6-9列出了经过汇总处理以后的农户个体及家庭特征分布情况。

6.2.1 农户个体基本特征

1. 年龄

农户户主年龄分布主要集中在41～60岁之间，占总样本比例的73.21%。根据表5-1可以看出，样本农户户主年龄的具体分布情况如下：30岁以下农户所占比例为3.03%，31～40岁农户所占比例为14.17%，41～50岁农户所占比例为44.34%，51～60岁农户所占比例为28.87%，61岁以上农户所占比例为9.59%。

表6-1 农户年龄分布情况

	30岁以下	31～40岁	41～50岁	51～60岁	61岁以上
农户比例（%）	3.03	14.17	44.34	28.87	9.59

2. 文化程度

农户户主文化程度分布主要集中在初中及以下，文化水平总体偏低。根据表6-2可以看出：首先，初中文化程度的农户所占比例最高，达到42.96%；其次是小学及以下文化程度的农户，所占比例为33.54%；第三是高中和中专文化程度的农户，所占比例为21.18%；最后是大专及以上文化程度的农户，所占比例仅为2.33%。

表 6-2 农户文化程度分布情况

	小学及以下	初中	高中和中专	大专及以上
农户比例（%）	33.54	42.96	21.18	2.33

3. 农户其他个体特征

根据表 6-3 可以看出，在样本农户中，拥有党员身份的农户比例为 20.67%，担任（包括曾经担任）乡村干部的农户比例为 14.85%，有外出打工经历的农户比例为 55.78%，拥有手艺的农户比例为 50.09%。

表 6-3 农户其他个体特征情况

	党员	乡村干部	外出打工	手艺
农户比例（%）	20.67	14.85	55.78	50.09

6.2.2 农户家庭基本特征

1. 家庭人口

农户家庭人口大多在 5 人以下，占所有农户的比例为 87.03%。具体来讲，根据表 6-4 可以看出，家庭人口为 3 人及以下的农户比例是 28.95%，家庭人口为 4 人的农户比例是 34.75%，家庭人口为 5 人的农户比例是 23.34%，家庭人口为 6 人的农户比例是 9.51%，家庭人口为 7 人及以上的农户比例是 3.46%。

表 6-4 农户人口分布情况

	3 人及以下	4 人	5 人	6 人	7 人及以上
农户比例（%）	28.95	34.75	23.34	9.51	3.46

2. 家庭总收入

家庭总收入在 1 万元以下的农户比例为 5.45%，家庭总收入在 1~2 万元的农户比例为 15.30%，家庭总收入在 2~3 万元的农户比例为 24.29%，家庭总收入在 3~4 万元的农户比例为 20.05%，家庭总收入在 4 万元及以上的农户比例为 34.92%。

表 6-5　农户家庭总收入分布情况

	1 万元以下	1~2 万元	2~3 万元	3~4 万元	4 万元及以上
农户比例（%）	5.45	15.30	24.29	20.05	34.92

3. 农业收入占家庭收入比例

半数以上的样本农户具有比较明显的兼业化现象，非农收入在农户家庭收入中占据重要地位。具体地，根据表 6-6 可以看出，农业收入占家庭总收入比例在 20% 及以下的农户比例为 35.87%，农业收入占家庭总收入比例在 21%~40% 的农户比例为 26.88%，农业收入占家庭总收入比例在 41%~60% 的农户比例为 17.20%，农业收入占家庭总收入比例在 61%~80% 的农户比例为 10.80%，农业收入占家庭总收入比例在 81% 以上的农户比例为 9.25%。

表 6-6　农业收入占农户家庭收入比例分布情况

	20% 及以下	21%~40%	41%~60%	61%~80%	81% 以上
农户比例（%）	35.87	26.88	17.20	10.80	9.25

4. 家庭耕地面积

农户家庭耕地面积以小规模经营为主，只有少数农户实现了规模经营。根据表 6-7 可以看出，从具体分布情况来看，家庭耕地面积在 5 亩及以下的农户比例 49.74%，家庭耕地面积在

5～10亩的农户比例为 28.90％，家庭耕地面积在 10～15 亩的农户比例为 11.73％，家庭耕地面积在 15～20 亩的农户比例为 5.25％，家庭耕地面积在 20 亩以上的农户比例为 4.38％。

表 6-7　农户家庭耕地面积分布情况

	5 亩以下	5～10 亩	10～15 亩	15～20 亩	20 亩以上
农户比例（％）	49.74	28.90	11.73	5.25	4.38

5. 家庭开支

农户家庭生活开支和生产开支存在比较明显的差异，其中，63.34％的农户家庭生活开支集中在 0.5～1.5 万元，而 65.45％的农户家庭生产开支集中在 1 万元以下。根据表 6-8 可以看出：① 家庭生活开支在 0.5 万元以下的农户比例为 10.23％，家庭生活开支在 0.5～1 万元的农户比例为 33.62％，家庭生活开支在 1～1.5 万元的农户比例为 29.72％，家庭生活开支在 1.5～2 万元的农户比例为 12.65％，家庭生活开支在 2 万元以上的农户比例为 13.78％；② 家庭生产开支在 0.5 万元以下的农户比例为 37.00％，家庭生产开支在 0.5～1 万元的农户比例为 28.45％，家庭生产开支在 1～1.5 万元的农户比例为 17.10％，家庭生产开支在 1.5～2 万元的农户比例为 7.68％，家庭生产开支在 2 万元以上的农户比例为 9.77％。

表 6-8　农户家庭开支分布情况

		0.5 万元以下	0.5～1 万元	1～1.5 万元	1.5～2 万元	2 万元以上
农户比例（％）	生活开支	10.23	33.62	29.72	12.65	13.78
	生产开支	37.00	28.45	17.10	7.68	9.77

6. 家庭固定资产

农户家庭固定资产的分布情况呈比较明显的两极分化态势。具体来讲，根据表6-9可以看出，家庭固定资产在1万元以下的农户比例为44.97％，家庭固定资产在1～2万元的农户比例为7.18％，家庭固定资产在2～3万元的农户比例为11.58％，家庭固定资产在3万元以上的农户比例为36.27％。

表6-9　农户家庭固定资产分布情况

	1万元以下	1～2万元	2～3万元	3万元以上
农户比例（％）	44.97	7.18	11.58	36.27

综合以上对农户个体及家庭基本情况的分析可以发现，目前中国农户之间的差异非常明显，表现出典型的分化特征。

6.3　农户借贷行为分化特征

根据前文的分析，为了考察目前中国农户借贷行为分化的基本特征，由此为检验资本对农户借贷行为分化的影响提供基础，本节着重分析农户借贷规模、借贷用途、借贷来源、借贷期限和借贷条件。

6.3.1　农户借贷规模大小

总体上，农户借贷规模分布比较分散，覆盖范围比较广泛，这初步证实了农户借贷行为存在明显的分化现象；获得借贷的农户受到信贷配给的比例并不高，这可能与农户的借贷来源主要是亲戚和邻居等非正规渠道密切相关。

表 6 - 10   农户借贷规模分布情况

	0.2 万元以下	0.2～0.5万元	0.5～1万元	1～2 万元	2 万以上
农户比例（%）	10.84	23.31	26.56	17.34	21.95

表 6 - 11   农户信贷配给情况

	实际借款数与想要借款数是否一致		对方是否知道借款用途	
	是	否	是	否
农户比例（%）	77.50	22.50	98.30	1.70

根据表 6 - 10 可以看出，借贷规模在 0.2 万元以下的农户比例为 10.84%，借贷规模在 0.2～0.5 万元的农户比例为 23.31%，借贷规模在 0.5～1 万元的农户比例为 26.56%，借贷规模在 1～2 万元的农户比例为 17.34%，借贷规模在 2 万元以上的农户比例为 21.95%。同时，根据表 6 - 11 可以看出，在发生借贷行为的农户中，实际借款数与想要借款数保持一致的农户比例为 77.50%，其余 22.50% 的农户则不同程度地存在借贷资金缺口。与此同时，在借贷时，资金提供方知道农户借款用途的比例高达 98.30%，仅有 1.70% 的资金提供方不知道农户的借款用途。这充分表明，无论是正规渠道还是非正规渠道，都十分重视借贷资金的去向问题。

6.3.2   农户借贷用途分布

农户借贷资金的最主要用途是生活性支出，在总支出中占据绝对优势地位。农户决策的基础是家庭，目标是家庭福利最大化，由此决定了借贷用途以生活性支出为主和生产性支出为辅的特点；同时，小农户往往具有较强的风险意识，其生产性借贷支出需要充分考虑自身的生产经营投资能力和机会。

表 6-12 农户借贷用途分布情况

	子女上学	修（建）家庭住房	看病	婚丧嫁娶	做生意	购买农用生产资料和机械	外出打工	人情往来	其他
农户比例（％）	18.32	24.37	10.92	13.45	13.65	13.84	0.78	1.95	2.73

根据表 6-12 可以看出，在农户借贷用途构成中，用于子女上学支出的农户比例为 18.32％，用于修（建）家庭住房支出的农户比例为 24.37％，用于看病支出的农户比例为 10.92％，用于婚丧嫁娶支出的农户比例为 13.45％，用于做生意支出的农户比例为 13.65％，用于购买农用生产资料和机械支出的农户比例为 13.84％，用于外出打工支出的农户比例为 0.78％，用于人情往来支出的农户比例为 1.95％，用于其他支出的农户比例为 2.73％。

6.3.3 农户借贷来源占比

无论是实际借贷情况，还是农户期望的借贷情况，非正规渠道仍是农户实际借贷的主要来源，农村信用社是农户正规借贷渠道的最重要来源。从原因来看，农村正规金融总体上供给不足，特别是繁琐的借贷手续、担保人要求、甚至是隐性交易成本等在很大程度上将广大小农户排除在外；同时，农户由于长期以来形成的习惯和意识，更加偏好形式灵活的亲戚、邻居等非正规借贷。

表6-13　农户借贷来源分布情况

	实际借贷来源比例（%）	最愿意选择的借贷资金来源比例（%）
农村信用社	16.22	21.99
资金互助社	1.25	0.83
小额信贷公司	0.62	1.04
村镇银行	0.42	1.24
亲戚	54.26	59.34
邻居	17.88	10.79
乡村干部	1.46	0.41
私人放贷者	4.99	1.87
其他	2.91	2.49

根据表6-13可以看出：在非正规借贷渠道中，亲戚是农户实际借贷资金的最重要来源，占全部农户的比例高达54.26%；其次是邻居，占全部农户的比例为17.88%；在正规借贷渠道中，农村信用社占据绝对优势，占全部农户的比例为16.22%，远远高于小额信贷公司和村镇银行，这可能和农村信用社在农村地区的存在时间及网点分布有密切关系，毕竟，小额信贷公司和村镇银行在成立时间和网点覆盖面上，目前均无法与农村信用社相抗衡。从农户期望的借贷渠道来看，亲戚的地位得到进一步加强，其所占比例比农户实际借贷来源提高了5.08%；农村信用社也被农户寄予了更多期待，其所占比例比农户实际借贷来源提高了5.77%。

6.3.4　农户借贷期限长短

农户实际借贷期限以 1 年以内的短期为主,与农户期望的借贷期限有明显差距。导致这种结果的原因在于,农业生产的特点决定了其借贷周期总体较短,但非农活动的日益频繁正在拉长农户借贷期限,而这主要集中在亲戚等私人借贷方面,正规借贷存在利息成本,且正规金融机构要评估和控制风险,由此倾向于缩短借贷期限。

表 6-14　农户借贷期限分布情况

		3 个月以内	3～6 个月	6～12 个月	1～2 年	2 年以上
农户比例(%)	借贷期限	15.04	24.48	33.04	14.45	12.98
	农户期望的合理还款期限	3.47	8.38	30.35	35.55	22.25

根据表 6-14 可以看出,实际借贷期限在 3 个月以内的农户比例为 15.04%,实际借贷期限在 3～6 个月农户比例为 24.48%,实际借贷期限在 6～12 个月的农户比例为 33.04%,实际借贷期限在 1～2 年的农户比例为 14.45%,实际借贷期限在 2 年以上的农户比例为 12.98%。从农户实际需求情况来看,期望还款期限在 3 个月以内的农户比例仅为 3.47%,期望还款期限在 3～6 个月的农户比例也只有 8.38%,而期望还款期限在 6～12个月的农户比例为 30.35%,期望还款期限在 1～2 年的农户比例为 35.55%,期望还款期限在 2 年以上的农户比例为 22.25%。

6.3.5　农户借贷条件要求

无息借贷仍是当前农户借贷的普遍现象,大多数农户在借贷时需要签订合同或提供借条，多数农户在借贷时需要有人担保，绝大多数农户能及时获得借款。上述结果表明：一方面，血缘和地缘等关系是农村地区的基础条件，由此影响农户生活生产，这内在地决定了农户对非正规借贷的明显依赖；另一方面，随着中国市场化进程的推进，农户之间的分化越来越突出，经济利益关系的作用日益加强，农户市场意识不断提高，对借贷利率、借贷字据等方面的重视程度在提高。

表 6 - 15　农户借贷利率分布情况

	无息	3%及以下	3%～5%	5%～10%	10%以上
农户比例（%）	52.31	23.69	1.85	15.08	7.08

表 6 - 16　农户其他借贷条件分布情况

	利率是否偏高		借款时有无合同或借条		是否有人担保		是否能及时获得借款	
	是	否	是	否	是	否	是	否
农户比例（%）	46.79	53.21	62.87	37.13	37.69	62.31	85.71	14.29

根据表 6 - 15 可以看出，无息借贷农户占全部农户的比例为52.31%，这与农户以亲戚和邻居为主要借贷来源有直接的对应关系；借贷利率在 3% 及以下的农户比例为 23.69%，借贷利率在 3%～5% 的农户比例为 1.85%，借贷利率在 5%～10% 的农户比例为 15.08%，借贷利率在 10% 以上的农户比例为 7.08%。

根据表 6 - 16 的统计分析结果：（1）在支付借贷资金利息的农户中，有 46.79% 的农户认为利率偏高，其余 53.21% 的农户则比较认可相应的利率。（2）在借贷时，有 62.87% 的农户需要签订合同或者提供借条，这一比例远远高于农户正规借贷渠道所占的比例，这表明，越来越多的农户在向亲戚借贷时需要按照市场的方式进行；而其余37.13％的农户则不需要签订合同或者提供借条。（3）在借贷过程中，有37.69％的农户需要有人担保才能获得借贷资金，而其余62.31％的农户则不需要有人提供担保。（4）从获得借贷资金的时间来看，绝大多数的农户能及时得到借款，占全部农户的比例为85.71％，但仍有14.29％的农户因各种原因不能及时得到借款。

6.4 不同类型农户借贷行为分化特征

6.4.1 不同固定资产的农户借贷行为分化特征

1. 不同固定资产的农户借贷规模差异

不同固定资产的农户借贷规模分布有一定差异，覆盖范围比较广泛；随着固定资产水平的提高，农户对小规模借贷的需求明显下降，对大规模借贷的需求明显上升。固定资产对农户借贷规模的作用比较明显，这可能是因为固定资产意味着农户的生产经营条件和提供抵押品能力，投资意愿和能力增强，实际借贷资金需求量更大。

表6-17 不同固定资产的农户借贷规模分布

	1万元以下	1～2万元	2～3万元	3万元以上
0.2万元以下	14.95	10.34	12.24	10.00
0.2～0.5万元	28.04	22.41	26.53	18.75
0.5～1万元	32.71	34.48	20.41	20.63
1～2万元	11.21	17.24	24.49	18.75
2万元以上	13.08	15.52	16.33	31.88

根据表6-17可以看出：（1）固定资产在1万元以下时，借贷规模在0.2万元以下的农户比例为14.95%，借贷规模在0.2~0.5万元的农户比例均为28.04%，借贷规模在0.5~1万元的农户比例为32.71%，借贷规模在1~2万元的农户比例为11.21%，借贷规模在2万元以上的农户比例为13.08%。

（2）固定资产在1~2万元时，借贷规模在0.2万元以下的农户比例为10.34%，借贷规模在0.2~0.5万元的农户比例为22.41%，借贷规模在0.5~1万元的农户比例为34.48%，借贷规模在1~2万元的农户比例为17.24%，借贷规模在2万元以上的农户比例为15.52%。

（3）固定资产在2~3万元时，借贷规模在0.2万元以下的农户比例为12.24%，借贷规模在0.2~0.5万元的农户比例为26.53%，借贷规模在0.5~1万元的农户比例为20.41%，借贷规模在1~2万元的农户比例为24.49%，借贷规模在2万元以上的农户比例为16.33%。

（4）固定资产在3万元以上时，借贷规模在0.2万元以下的农户比例为10.00%，借贷规模在0.2~0.5万元和1~2万元的农户比例均为18.75%，借贷规模在0.5~1万元的农户比例为20.63%，借贷规模在2万元以上的农户比例为31.88%。

2. 不同固定资产的农户借贷用途差异

不同固定资产的农户借贷用途均以生活性支出为主，且占有绝对优势；随着固定资产水平的提高，借贷资金用于生产性支出的农户比例显著提高。固定资产对农户借贷用途具有明显作用，这可能是固定资产与农户生产有比较直接的对应关系，由此获得更高收入，进而在更高水平上改善家庭总福利。

表 6-18　不同固定资产的农户借贷用途分布

	1 万元以下	1~2 万元	2~3 万元	3 万元以上
子女上学	18.42	16.46	20.90	18.31
修（建）家庭住房	27.63	39.24	25.37	16.43
看病	21.71	7.59	5.97	5.63
婚丧嫁娶	12.50	17.72	17.91	11.27
做生意	4.61	6.33	13.43	23.00
购买农用生产资料和机械	9.87	6.33	11.94	20.66
外出打工	1.97	0.00	0.00	0.47
人情往来	2.63	3.80	0.00	0.94
其他	0.66	2.53	4.48	3.29

根据表 6-18 可以看出：（1）固定资产在 1 万元以下的农户借贷资金主要用途依次为修（建）家庭住房、看病、子女上学、婚丧嫁娶，相应的农户比例分别为 27.63％、21.71％、18.42％和 12.50％。

（2）固定资产在 1~2 万元的农户借贷资金主要用途依次为修（建）家庭住房、婚丧嫁娶、子女上学，相应的农户比例分别为 39.24％、17.72％、16.46％。

（3）固定资产在 2~3 万元的农户借贷资金主要用途依次为修（建）家庭住房、子女上学、婚丧嫁娶、做生意、购买农用生产资料和机械，相应的农户比例分别为 25.37％、20.90％、17.91％、13.43％、11.94％。

（4）固定资产在 3 万元以上的农户借贷资金主要用途依次为做生意、购买农用生产资料和机械、子女上学、修（建）家庭住房、婚丧嫁娶，相应的农户比例分别为 23.00％、20.66％、

18.31%、16.43%和11.27%。

3. 不同固定资产的农户借贷来源差异

不同固定资产的农户最重要借贷来源是亲戚，但随着固定资产水平的提高，亲戚在农户借贷来源中所占比例明显下降，邻居所占比例有一定幅度的下降，而农村信用社所占比例则迅速提高。固定资产对农户借贷来源具有明显作用，这可能是固定资产起到了正规金融机构所需要的抵押品功能，使得农户拖延归还借贷资金或违约风险大大降低，因而更容易为农村正规金融市场所接受。

表 6-19 不同固定资产的农户借贷来源分布

	1万元以下	1～2万元	2～3万元	3万元以上
农村信用社	5.80	12.05	17.74	24.37
资金互助社	0.72	3.61	0.00	2.03
小额信贷公司	0.72	0.00	1.61	0.51
村镇银行	0.72	1.20	0.00	0.00
亲戚	63.04	59.04	56.45	45.69
邻居	21.01	16.87	17.74	15.23
乡村干部	0.72	1.20	3.23	1.52
私人放贷者	4.35	1.20	1.61	8.12
其他	2.90	4.82	1.61	2.54

根据表 6-19 可以看出：(1)固定资产在1万元以下的农户借贷最主要来源依次为亲戚和邻居，相应的农户比例分别为63.04%和21.01%；(2)固定资产在1～2万元的农户借贷最主要来源依次为亲戚、邻居和农村信用社，相应的农户比例分别为59.04%、16.87%和12.05%；(3)固定资产在2～3万元的农户

借贷最主要来源依次为亲戚、农村信用社和邻居，相应的农户比例分别为56.45%、17.74%和17.74%；（4）固定资产在3万元以上的农户借贷最主要来源依次为亲戚、农村信用社和邻居，相应的农户比例分别为45.69%、24.37%和15.23%。

6.4.2 不同经营规模的农户借贷行为分化特征

1. 不同经营规模的农户借贷规模差异

经营规模在15亩以下的农户借贷规模分布比较一致，经营规模在15～20亩的农户借贷规模主要集中在0.2～1万元和2万元以上，经营规模在20亩以上的农户借贷规模主要集中在1万以上。这表明，土地经营规模并不明显影响农户借贷规模。

表6-20 不同经营规模的农户借贷规模分布

	5亩以下	5～10亩	10～15亩	15～20亩	20亩以上
0.2万元以下	13.19	11.84	10.64	0.00	14.29
0.2～0.5万元	25.00	19.74	27.66	37.50	7.14
0.5～1万元	29.17	27.63	17.02	31.25	7.14
1～2万元	19.44	15.79	19.15	0.00	21.43
2万元以上	13.19	25.00	25.53	31.25	50.00

根据表6-20可以看出：（1）经营规模在5亩以下时，借贷规模在0.2万元以下的农户比例为13.19%，借贷规模在0.2～0.5万元的农户比例为25.00%，借贷规模在0.5～1万元的农户比例为29.17%，借贷规模在1～2万元的农户比例为19.44%，借贷规模在2万元以上的农户比例为13.19%。（2）经营规模在5～10亩时，借贷规模在0.2万元以下的农户比例为11.84%，借贷规模在0.2～0.5万元的农户比例为19.74%，借贷规模在

0.5～1万元的农户比例为27.63%,借贷规模在1～2万元的农户比例为15.79%,借贷规模在2万元以上的农户比例为25.00%。(3)经营规模在10～15亩时,借贷规模在0.2万元以下的农户比例为10.64%,借贷规模在0.2～0.5万元的农户比例为27.66%,借贷规模在0.5～1万元的农户比例为17.02%,借贷规模在1～2万元的农户比例为19.15%,借贷规模在2万元以上的农户比例为25.53%。(4)经营规模在15～20亩时,借贷规模在0.2～0.5万元的农户比例为37.50%,借贷规模在0.5～1万元和2万元以上的农户比例均为31.25%。(5)经营规模在20亩以上时,借贷规模在0.2万元以下的农户比例为14.29%,借贷规模在0.2～0.5万元和0.5～1万元的农户比例均为7.14%,借贷规模在1～2万元的农户比例为21.43%,借贷规模在2万元以上的农户比例为50.00%。

表6-21 不同经营规模的农户借贷用途分布

	5亩以下	5～10亩	10～15亩	15～20亩	20亩以上
子女上学	25.13	15.53	12.70	6.90	15.79
修(建)家庭住房	23.08	28.16	20.63	27.59	5.26
看病	10.26	9.22	12.70	10.34	26.32
婚丧嫁娶	11.79	14.56	15.87	13.79	10.53
做生意	13.85	15.53	9.52	10.34	10.53
购买农用生产资料和机械	8.72	14.56	23.81	17.24	26.32
外出打工	0.51	1.46	0.00	0.00	0.00
人情往来	2.56	0.49	0.00	10.34	0.00
其他	4.10	0.49	4.76	3.45	5.26

2. 不同经营规模的农户借贷用途差异

不同经营规模的农户借贷用途均以生活性支出为主，且显著高于生产性支出；经营规模越大的农户用于生产性用途的支出比例越高。这表明，经营规模扩大后，用于农业生产的投入也相应增加，并进一步促进农户投资意愿和投资能力的提高，但家庭福利最大化是农户的总体目标，生产最终要服务于生活。

根据表 6-21 可以看出：（1）经营规模在 5 亩以下时，借贷资金用于子女上学支出的农户比例为 25.13%，用于修（建）家庭住房支出的农户比例为 23.08%，用于看病支出的农户比例为 10.26%，用于婚丧嫁娶支出的农户比例为 11.79%，用于做生意支出的农户比例为 13.85%，用于购买农用生产资料和机械支出的农户比例为 8.72%，用于外出打工支出的农户比例为 0.51%，用于人情往来支出的农户比例为 2.56%，用于其他支出的农户比例为 4.10%。（2）经营规模在 5~10 亩时，借贷资金用于子女上学支出的农户比例为 15.53%，用于修（建）家庭住房支出的农户比例为 28.16%，用于看病支出的农户比例为 9.22%，用于婚丧嫁娶支出的农户比例为 14.56%，用于做生意支出的农户比例为 15.53%，用于购买农用生产资料和机械支出的农户比例为 14.56%，用于外出打工支出的农户比例为 1.46%，用于人情往来支出和其他支出的农户比例均为 0.49%。（3）经营规模在 10~15 亩时，借贷资金用于子女上学支出和看病指出的农户比例均为 12.70%，用于修（建）家庭住房支出的农户比例为 20.63%，用于婚丧嫁娶支出的农户比例为 15.87%，用于做生意支出的农户比例为 9.52%，用于购买农用生产资料和机械支出的农户比例为 23.81%，用于其他支出的农户比例为

4.76%。(4)经营规模在 15～20 亩时,借贷资金用于子女上学支出的农户比例为 6.90%,用于修(建)家庭住房支出的农户比例为 27.59%,用于看病支出、做生意支出和人情往来支出的农户比例均为 10.34%,用于婚丧嫁娶支出的农户比例为 13.79%,用于购买农用生产资料和机械支出的农户比例均为 17.24%,用于其他支出的农户比例为 3.45%。(5)经营规模在 20 亩以上时,借贷资金用于子女上学支出的农户比例为 15.79%,用于修(建)家庭住房支出的农户比例为 5.26%,用于看病支出与购买农用生产资料和机械支出的农户比例均为 26.32%,用于婚丧嫁娶支出和做生意支出的农户比例均为 10.53%,用于其他支出的农户比例为 5.26%。

表 6-22　不同经营规模的农户借贷来源分布

	5 亩以下	5～10 亩	10～15 亩	15～20 亩	20 亩以上
农村信用社	11.52	21.05	16.95	9.09	17.65
资金互助社	1.57	1.58	0.00	0.00	0.00
小额信贷公司	1.05	0.53	0.00	0.00	0.00
村镇银行	0.52	0.00	1.69	0.00	0.00
亲戚	54.45	57.37	50.85	45.45	47.06
邻居	23.04	12.63	16.95	22.73	17.65
乡村干部	1.57	0.53	5.08	0.00	0.00
私人放贷者	4.19	3.68	3.39	18.18	11.76
其他	2.09	2.63	5.08	4.55	5.88

3. 不同经营规模的农户借贷来源差异

不同经营规模农户借贷来源总体上比较一致,最主要来源分别为亲戚、邻居和农村信用社;私人放贷者还是 15 亩以上大规模经营农户的重要借贷来源。经营规模对农户借贷来源构成的作用不明显。

　　根据表 6-22 可以看出：（1）经营规模在 5 亩以下的农户最主要借贷来源是亲戚，所占农户比例为 54.45%；其次是邻居，所占比例为 23.04%；再次是农村信用社，所占比例为 11.52%；私人放贷者、资金互助社等借贷来源所占的比例均非常低。（2）经营规模在 5～10 亩的农户最主要借贷来源是亲戚，相应的农户比例为 57.37%；其次是农村信用社，所占比例为 21.05%；再次是邻居，所占比例为 12.63%；私人放贷者、资金互助社等借贷来源所占的比例均非常低。（3）经营规模在 10～15 亩的农户最主要借贷来源是亲戚，相应的农户比例为 50.85%；其次是农村信用社和邻居，所占比例均为 16.95%；私人放贷者、资金互助社等借贷来源所占的比例均非常低。（4）经营规模在 15～20 亩的农户最主要借贷来源是亲戚，所占农户比例为 45.45%；其次是邻居，所占比例为 22.73%；再次是私人放贷者，所占比例为 18.18%；最后是农村信用社，所占比例为 9.09%。（5）经营规模在 20 亩以上的农户最主要借贷来源是亲戚，所占农户比例为 47.06%；其次是农村信用社和邻居，所占比例均为 17.65%；最后是私人放贷者，所占比例为 11.76%。

6.4.3　不同兼业程度的农户借贷行为分化特征

1. 不同兼业程度的农户借贷规模差异

不同兼业程度的农户借贷规模分布总体上比较一致。兼业程度对农户借贷规模的作用不明显，可能是原因在于兼业本身并不直接对农户借贷行为产生影响，更多的是影响收入来源和总量。

表 6-23　不同兼业程度的农户借贷规模分布

	20%及以下	21%~40%	41%~60%	61%~80%	81%及以上
0.2 万元以下	11.54	13.98	11.76	12.00	8.96
0.2~0.5 万元	21.79	17.20	27.06	32.00	20.90
0.5~1 万元	25.64	23.66	23.53	26.00	34.33
1~2 万元	19.23	18.28	18.82	14.00	13.43
2 万元以上	21.79	26.88	18.82	16.00	22.39

根据表 6-23 可以看出：(1)兼业程度在 20%及以下时，借贷规模在 0.2 万元以下的农户比例为 11.54%，借贷规模在 0.2~0.5 万元的农户比例为 21.79%，借贷规模在 0.5~1 万元的农户比例为 25.64%，借贷规模在 1~2 万元的农户比例为 19.23%，借贷规模在 2 万元以上的农户比例为 21.79%。(2)兼业程度在 21%~40%时，借贷规模在 0.2 万元以下的农户比例为 13.98%，借贷规模在 0.2~0.5 万元的农户比例为 17.20%，借贷规模在 0.5~1 万元的农户比例为 23.66%，借贷规模在 1~2 万元的农户比例为 18.28%，借贷规模在 2 万元以上的农户比例为 26.88%。(3)兼业程度在 41%~60%时，借贷规模在 0.2 万元以下的农户比例为 11.76%，借贷规模在 0.2~0.5 万元的农户比例为 27.06%，借贷规模在 0.5~1 万元的农户比例为 23.53%，借贷规模在 1~2 万元和 2 万元以上的农户比例均为 18.82%。(4)兼业程度在 61%~80%时，借贷规模在 0.2~0.5 万元的农户比例为 12.00%，借贷规模在 0.2~0.5 万元的农户比例为 32.00%，借贷规模在 0.5~1 万元的农户比例为 26.00%，借贷规模在 1~2 万元的农户比例为 14.00%，借贷

规模在 2 万元以上的农户比例均为 16.00％。（5）兼业程度在 81％及以上时，借贷规模在 0.2 万元以下的农户比例为 8.96％，借贷规模在 0.2～0.5 万元的农户比例为 20.90％，借贷规模在 0.5～1 万元的农户比例均为 34.33％，借贷规模在 1～2 万元的农户比例为 13.43％，借贷规模在 2 万元以上的农户比例为 22.39％。

2. 不同兼业程度的农户借贷用途差异

不同兼业程度的农户借贷用途均以生活性支出为主，占据绝对主导地位；兼业程度在 40％以下和 81％及以上农户借贷用途中，生产性支出所占比例明显高于兼业程度在 41％～80％的农户。总体上，兼业程度对农户借贷用途的作用不明显。

表 6-24　不同兼业程度的农户借贷用途分布

	20％及以下	21％～40％	41％～60％	61％～80％	81％及以上
子女上学	19.61	18.46	20.97	20.90	11.36
修（建）家庭住房	28.43	22.31	27.42	22.39	20.45
看病	5.88	5.38	13.71	17.91	14.77
婚丧嫁娶	15.69	15.38	16.13	10.45	6.82
做生意	20.59	20.00	9.68	7.46	6.82
购买农用生产资料和机械	5.88	11.54	6.45	16.42	36.36
外出打工	0.00	2.31	0.81	0.00	0.00
人情往来	0.98	2.31	1.61	2.99	1.14
其他	2.94	2.31	3.23	1.49	2.27

根据表 6-24 可以看出：（1）兼业程度在 20％及以下的农户借贷资金主要用途依次为修（建）家庭住房、做生意、子女上

学、婚丧嫁娶，相应的农户比例分别为 28.43%、20.59%、19.61% 和 15.69%。(2) 兼业程度在 21%～40% 的农户借贷资金主要用途依次为修（建）家庭住房、做生意、子女上学、婚丧嫁娶、购买农用生产资料和机械，相应的农户比例分别为 22.31%、20.00%、18.46%、15.38%、11.54%。(3) 兼业程度在 41%～60% 的农户借贷资金主要用途依次为修（建）家庭住房、子女上学、婚丧嫁娶、看病，相应的农户比例分别为 27.42%、20.97%、16.13%、13.71%。(4) 兼业程度在 61%～80% 的农户借贷资金主要用途依次为修（建）家庭住房、子女上学、看病、购买农用生产资料和机械、婚丧嫁娶，相应的农户比例分别为 22.39%、20.90%、17.91%、16.42%、10.45%。(5) 兼业程度在 81% 及以上的农户借贷资金主要用途依次为购买农用生产资料和机械、修（建）家庭住房、看病、子女上学，相应的农户比例分别为 36.36%、20.45%、14.77%、11.36%。

3. 不同兼业程度的农户借贷来源差异

不同兼业程度的农户最主要借贷来源均是亲戚，且占据绝对优势地位；兼业程度在 20% 及以下和 41%～80% 农户的次要借贷来源是邻居，然后是农村信用社；兼业程度在 21%～40% 和 81% 及以上农户的次要借贷来源是农村信用社，其次是邻居。总体上，兼业程度对农户借贷来源的作用不明显，这与上文的分析一致。

根据表 6-25 可以看出：(1) 兼业程度在 20% 及以下的农户最主要借贷来源是亲戚、邻居和农村信用社，相应的农户比例分别为 54.21%、20.56% 和 17.76%；私人放贷者、资金互助社等借贷来源所占的比例均非常低。(2) 兼业程度在 21%～40% 的农

表6-25　不同兼业程度的农户借贷来源分布

	20%及以下	21%～40%	41%～60%	61%～80%	81%及以上
农村信用社	17.76	18.10	11.86	9.68	22.37
资金互助社	0.93	1.72	2.54	0.00	0.00
小额信贷公司	0.93	0.86	0.85	0.00	0.00
村镇银行	0.93	0.00	0.85	0.00	0.00
亲戚	54.21	54.31	52.54	61.29	52.63
邻居	20.56	13.79	20.34	20.97	14.47
乡村干部	0.93	1.72	1.69	1.61	1.32
私人放贷者	1.87	5.17	5.93	6.45	6.58
其他	1.87	4.31	3.39	0.00	2.63

户最主要借贷来源是亲戚、农村信用社和邻居，相应的农户比例分别为54.31%、18.10%和13.79%；私人放贷者、资金互助社等借贷来源所占的比例均非常低。(3)兼业程度在41%～60%的农户最主要借贷来源是亲戚、邻居和农村信用社，相应的农户比例分别为52.54%、20.34%和11.86%；私人放贷者、资金互助社等借贷来源所占的比例均非常低。(4)兼业程度在61%～80%的农户最主要借贷来源是亲戚、邻居和农村信用社，相应的农户比例分别为61.29%、20.97%和9.68%；从私人放贷者和乡村干部借贷的农户比例分别为6.45%和1.61%。(5)兼业程度在81%及以上的农户最主要借贷来源是亲戚、农村信用社和邻居，相应的农户比例分别为52.63%、22.37%和14.47%；从私人放贷者和乡村干部借贷的农户比例分别为6.58%和1.32%。

6.4.4 不同收入水平的农户借贷行为分化特征

1. 不同收入水平的农户借贷规模差异

不同收入水平的农户借贷规模分布存在较为明显的差异,随着收入水平的不断提高,农户借贷规模表现出明显的扩大趋势。收入水平对农户借贷规模具有显著作用,这主要是因为收入水平提高是农户扩大投资的基本和先决条件。

表 6-26 不同收入水平的农户借贷规模分布

	1 万元以下	1～2 万元	2～3 万元	3～4 万元	4 万元以上
0.2 万元以下	28.57	18.92	12.12	12.12	1.87
0.2～0.5 万元	28.57	31.08	22.22	27.27	14.02
0.5～1 万元	17.86	33.78	30.30	25.76	20.56
1～2 万元	3.57	10.81	23.23	15.15	20.56
2 万元以上	21.43	5.41	12.12	19.70	42.99

根据表 6-26 可以看出:(1)收入水平在 1 万元以下时,借贷规模在 0.2 万元以下和 0.2～0.5 万元的农户比例均为 28.57%,借贷规模在 0.5～1 万元的农户比例为 17.86%,借贷规模在 1～2 万元的农户比例为 3.57%,借贷规模在 2 万元以上的农户比例为 21.43%。(2)收入水平在 1～2 万元时,借贷规模在 0.2 万元以下的农户比例为 18.92%,借贷规模在 0.2～0.5 万元的农户比例为 31.08%,借贷规模在 0.5～1 万元的农户比例为 33.78%,借贷规模在 1～2 万元的农户比例为 10.81%,借贷规模在 2 万元以上的农户比例为 5.41%。(3)收入水平在 2～3万元时,借贷规模在 0.2 万元以下和 2 万元以上的农户比例均为 12.12%,借贷规模在 0.2～0.5 万元的农户比例为 22.22%,借

贷规模在 0.5～1 万元的农户比例为 30.30％，借贷规模在 1～2 万元的农户比例为 23.23％。（4）收入水平在 3～4 万元时，借贷规模在 0.2～0.5 万元的农户比例为 12.12％，借贷规模在 0.2～0.5万元的农户比例为 27.27％，借贷规模在 0.5～1 万元的农户比例为 25.76％，借贷规模在 1～2 万元的农户比例为 15.15％，借贷规模在 2 万元以上的农户比例均为 19.70％。（5）收入水平在 4 万元以上时，借贷规模在 0.2 万元以下的农户比例为 1.87％，借贷规模在 0.2～0.5 万元的农户比例为 14.02％，借贷规模在 0.5～1 万元和 1～2 万元的农户比例均为 20.56％，借贷规模在 2 万元以上的农户比例为 42.99％。

表 6‑27　不同收入水平的农户借贷用途分布

	1 万元以下	1～2 万元	2～3 万元	3～4 万元	4 万元以上
子女上学	17.07	27.72	19.08	18.09	11.81
修（建）家庭住房	17.07	21.78	33.59	21.28	22.22
看病	36.59	17.82	9.16	3.19	4.86
婚丧嫁娶	4.88	11.88	13.74	18.09	13.89
做生意	4.88	4.95	6.11	15.96	27.78
购买农用生产资料和机械	12.20	11.88	12.98	18.09	14.58
外出打工	0.00	0.99	0.76	1.06	0.69
人情往来	4.88	1.98	1.53	1.06	1.39
其他	2.44	0.99	3.05	3.19	2.78

2. 不同收入水平的农户借贷用途差异

不同收入水平的农户借贷用途均以生活性支出为主，且占据绝对优势地位；随着收入水平的不断提高，借贷资金用于生产性支出的农户比例也迅速提高。收入水平对农户借贷用途的作用比较明显，这可能是因为此时的农户抗风险能力增强，相应的投资意愿和动机被激发出来。

根据表 6-27 可以看出：（1）收入水平在 1 万元以下的农户借贷资金主要用途依次为看病、子女上学、修（建）家庭住房、购买农用生产资料和机械，相应的农户比例分别为 36.59％、17.07％、17.07％和 12.20％。（2）收入水平在 1～2 万元的农户借贷资金主要用途依次为子女上学、修（建）家庭住房、看病、婚丧嫁娶、购买农用生产资料和机械，相应的农户比例分别为 27.72％、21.78％、17.82％、11.88％和 11.88％。（3）收入水平在 2～3 万元的农户借贷资金主要用途依次为修（建）家庭住房、子女上学、婚丧嫁娶、购买农用生产资料和机械，相应的农户比例分别为 33.59％、19.08％、13.74％和 12.98％。（4）收入水平在 3～4 万元的农户借贷资金主要用途依次为修（建）家庭住房、子女上学、婚丧嫁娶、购买农用生产资料和机械、做生意，相应的农户比例分别为 21.28％、18.09％、18.09％、18.09％和 15.96％。（5）收入水平在 4 万元以上的农户借贷资金主要用途依次为做生意、修（建）家庭住房、购买农用生产资料和机械、婚丧嫁娶、子女上学，相应的农户比例分别为 27.78％、22.22％、14.58％、13.89％和 11.81％。

3. 不同收入水平的农户借贷来源差异

不同收入水平农户的最重要借贷来源均为亲戚，且处于明显优势地位；收入水平越高，越容易获得农村信用社等正规金融机构的借贷支持；与中高收入农户相比，低收入农户借贷来源更加依赖邻居。收入水平对农户借贷来源的作用比较明显，这可能是因为收入是农户家庭综合实力的直接反映，比较容易为农村正规金融机构认可，由此提高了农户进入农村正规金融市场的机会。

表 6-28　不同收入水平的农户借贷来源分布

	1 万元以下	1~2 万元	2~3 万元	3~4 万元	4 万元以上
农村信用社	7.32	4.21	15.08	19.10	26.36
资金互助社	7.32	0.00	0.00	3.37	0.00
小额信贷公司	4.88	1.05	0.00	0.00	0.00
村镇银行	0.00	1.05	0.00	0.00	0.78
亲戚	51.22	60.00	61.90	53.93	44.19
邻居	24.39	27.37	11.90	17.98	15.50
乡村干部	0.00	0.00	3.17	1.12	1.55
私人放贷者	2.44	3.16	3.17	1.12	10.85
其他	2.44	3.16	4.76	3.37	0.78

根据表 6-28 可以看出：（1）收入水平在 1 万元以下的农户最主要借贷来源是亲戚、邻居、农村信用社和资金互助社，相应的农户比例分别为 51.22%、24.39%、7.32%和 7.32%；小额信贷公司、私人放贷者等借贷来源所占的比例均非常低。（2）收入水平在 1~2 万元的农户最主要借贷来源是亲戚和邻居，相应的农户比例分别为 60.00%和 27.37%；农村信用社、私人放贷者等借贷来源所占的比例均非常低。（3）收入水平在 2~3 万元的农户最主要借贷来源是亲戚、农村信用社和邻居，相应的农户比例分别为 61.90%、15.08%和 11.90%；私人放贷者、乡村干部等借贷来源所占的比例均非常低。（4）收入水平在 3~4 万元的农户最主要借贷来源是亲戚、农村信用社和邻居，相应的农户

比例分别为 53.93％、19.10％和 17.98％；资金互助社、私人放贷者等借贷来源所占的比例均非常低。（5）收入水平在 4 万元以上的农户最主要借贷来源是亲戚、农村信用社、邻居和私人放贷者，相应的农户比例分别为 44.193％、26.36％、15.50％和 10.85％；从私人放贷者和乡村干部借贷的农户比例分别为 6.58％和 1.32％。

6.5 结论性评论

为了考察目前中国农户借贷行为的分化情况，进而为检验资本对农户借贷行为分化的影响提供基础，本章借助全国农户实地调查数据，重点分析了不同农户的个体及家庭分化特征、农户借贷行为分化特征和不同类型农户借贷行为分化特征等，并得到以下基本结论：

自农村改革以来，中国农户类型在整体转变过程中仍存在明显的内部差异，目前不同农户之间的个体和家庭异质化特征十分突出，农户分化已成为基本事实，这集中体现在：一方面，虽然农户户主年龄分布较为集中，且半数以上具有外出打工经历和专业技能，但与现阶段社会经济发展水平相比，农户文化水平整体仍然明显偏低，且大多从事的是小规模农业生产。另一方面，农户家庭固定资产呈比较明显的两极分化态势，这说明在整体转变过程中，尽管有相当一部分农户的家庭收入水平和生产投资规模有所提高，但相对差距依然存在，且出现两极分化现象，由此表明不同农户之间的资本拥有量存在较大差异。

与农户分化相对应，农户借贷行为也表现出显著的分化特征，这突出反映在以下方面：一是不同农户借贷规模存在明显差异，资本拥有量多的农户借贷规模更大；二是农户借贷用途仍以生活性支出为主，但生产性支出正在快速增长，资本拥有量多的农户，生产性支出增长速度也越快；三是借贷来源主要是非正规金融市场，大多数农户依然处于比较低的发展阶段，资本积累量有待提高，尚未进入较高资本回报率的投资阶段，因而无法有效为农村商业性金融市场所接受，借贷难成为困扰大多数农户的现实问题；四是不同农户借贷期限及借贷条件也存在明显差异。此外，不同固定资产、经营规模、兼业程度和收入水平的农户借贷行为也呈现明显的分化特征，这在借贷规模、借贷用途和借贷来源等方面得到进一步验证。

综上所述，本章对农户借贷行为分化的描述性统计分析初步验证了第3章的理论判断，即资本拥有量不同的农户将面临不同的借贷环境，其借贷行为将出现明显的分化特征，这从农户借贷规模、借贷用途、借贷来源等方面可以清楚地观察到。总体来看，目前中国农户分化现象已经非常突出，这表明并非每个农户都进入前文所描述的资本与借贷的良性循环机制。事实上，大多数农户不同程度地面临着资本积累量约束，且难以及时得到外部的借贷支持。在短期内，农户自有资本和其他素质无法快速提升，因此，如何帮助农户从外部获得更多的资本援助，降低资本约束，从而进入良性循环的发展轨道，是当前迫切需要解决的关键问题，本书将在第7章引入社会资本，对这一问题做更为严格的计量经济分析，由此提出解决思路。

中国农户借贷行为分化的实证检验

农业具有自然再生产和经济再生产的双重特征，因而受到自然风险和经济风险的双重冲击，这直接影响农村地区金融机构对农业生产主体的资金供给。同时，在农村地区，农户居住比较分散，且交通、信息等基础设施相对薄弱，进一步加剧了农村借贷双方之间的信息不对称，特别是对于农村正规金融机构而言，面对数量众多的分散小规模农户，贷款成本相对较高，导致信贷风险加大，由此更多地倾向于选择惜贷或不贷。因此，以农户需求为导向，充分发挥资本的作用，特别是社会资本的作用，构建降低农村地区金融机构信贷风险的长效机制，是提高其放贷意愿的关键，有利于解决农户融资难问题，是未来中国农村金融改革与发展的重要切入点。

就农户借贷行为分化而言，可以从两个方面来考虑：一是在短期内容如何解决低资本农户的借贷难问题；二是在长期如何加快低生产性投资水平农户的资本积累，由此促进农户进入更高层次的生产性投资阶段。从这个意义上来说，社会资本可以起到重要作用。理论上，社会资本具有信号传递和信息甄别功能，将农村借贷市场的需求方以及供给方结合起来，降低农村金融供求双方的信息不对称程度，由此形成自下而上的供求平衡实现机制。

7.1 引　言

社会资本是解决农户信贷约束的重要载体。一方面，非正规金融机构因为对农户社会资本有充分的信息，在现实中成为大多数农户借贷时的首选；另一方面，正规金融机构的农户信息搜寻成本却很高，直接降低了为农户提供贷款的意愿，最终导致农户面临明显的信贷约束。因此，挖掘并发挥农户社会资本的作用，立足中国农村实际，遵循自下而上的基本思路，建立健全农村地区正规金融机构与农户的信息沟通机制和风险控制手段，将是解决农户信贷约束问题的有效途径。

之所以强调农户社会资本的重要性，根本原因在于：第一，在中国农村金融市场，正规金融体系与非正规金融体系长期并存所形成的二元结构，导致两个体系均未能发挥应有的作用，急需寻找切入点，打破这种二元结构，实现融合，而农户社会资本是一个可行的载体；第二，社会资本作为农户的重要资源，是维系中国农村地区民间借贷的核心机制，这有助于探索将非正规金融机构纳入农村金融监管体系的基本条件与可行路径，规范和培育本土化农村金融力量，更好地为农户融资提供支持；第三，研究农户社会资本在民间借贷市场的运行机制，可以为中国农村地区正规金融机构创新金融产品和开发新的信贷技术提供经验参考，降低正规金融机构与农户之间的信息不对称程度，提高其放贷意愿。

农户层面的社会资本对家庭收入有显著正向影响，工具性社会资本具有较高的经济回报，情感性社会资本的经济回报并不显著；且亲缘关系是农村居民工具性社会资本的主要提供者，除邻居以外其他的非亲缘关系所起作用甚微，农民和政府都应当重视并加强对社会资本，尤其是工具性社会资本的投资和积累，进一步拓宽农民社会交流渠道，使其获得更多异质性资源，提高家庭收入，尽快摆脱贫困（黄瑞芹等，2008）。黄昭昭等（2010）指出，社会网络规模、信任及参与公共事务对家户福利具有显著正向影响，对贫困家庭而言，社会资本的收入补偿很大。传统农业社会的信任是以血缘和地缘关系为核心的关系网络，网络内成员高度信任，抵御风险的能力很强（刘成玉等，2011）。中国社会关系取向在长期发展中形成并带有"圈子主义精神"的"熟人信任"，这种以亲缘和拟亲缘关系为基础的"特殊信任"是中国农民走向合作的行动逻辑，促使个体农民在面临市场挑战时合作行为发生及合作经济组织建立和发展，但同时也内在规定了合作对象及范围的"规模界限"，最终制约了合作经济组织向更大规模和更大地域空间的拓展，真正意义的合作经济组织是以契约、产权等现代制度为基础的"普遍信任"为支柱，而不是以亲缘、地缘关系为纽带的"个人信用"来维系（赵泉民等，2007）。社会资本对农户的经济行为产生很大的影响，特别是基于血缘关系，以小农家庭为核心拓展开来的圈层结构，以及内生于此的友情借贷在农村借贷市场上占有相当大的比重（蔡秀等，2009）。

在农村信贷市场，信任与合作成为农户和农村金融服务机构双方最优的选择，并形成无形抵押品，可有效控制违约现象的发生（费孝通，1999）。农村非正规金融机构拥有的信息、互惠、信任及其他传统等社会资本，决定了其良好的履约机制（刘民权等，2003），在解决信贷中的逆向选择和道德风险问题方面比正规金融机构更有效（Gouldner 等，1960）。在小额信贷市场，社会资本的积极作用同样被国际经验事实所证明（Impavido，

1998；Hassan，2002；Karlan，2007；Seibel 等，2010）。由于农村缺少正式的信贷中介，农户在借贷时主要依靠其社会关系网络（程昆等，2006）。从不同来源的农户非正规借贷情况来看，社会资本都起着关键作用，社会资本的多寡在一定程度上决定了农户非正规借贷的能力（郑世忠等，2007）。正规金融机构放贷一般采用契约形式，而目前大多数农户难以提供符合要求的抵押品，直接制约了其向正规金融机构融资的机会。在这种情况下，农户信用成为正规金融机构放贷决策的首要标准，事实上，拥有较多社会资本的农户更容易成为农村正规金融机构的放贷对象（曾康霖，2001；叶敬忠等，2004）。

中国农村地区正规金融信贷不能满足农村经济主体的融资需求，其市场效力难以令人满意（葛永波等，2010）。张改清（2008）指出，农村民间金融交易渠道主要依靠村落人际关系网络，相互间的信任成为其交易基础，基于血缘、地缘和业缘的关系型民间信用借贷具有"自我履行"的功能，使农村民间金融能够从农村独特的社会环境中内生出来；随着农村人际关系的稳定性和同质性下降，特殊性信任基础弱化，金融交易的风险和成本增加，农村民间金融呈现出内生的层阶递进性，由"道义金融"向"契约金融"转变尚需经历较长时间。社会资本作为农户拥有的重要资源，对农户生产和生活具有广泛影响，农户正规借贷和非正规借贷都离不开社会资本，但是二者的作用方式、广度和深度有所不同（郑世忠等，2007）。在金融抑制较为普遍的农村地区，作为建立在亲缘与业缘基础上的农户社会资本，在农村信贷资金的配置过程中发挥"特质性"资源的作用（黄勇，2009），直接服务于农户信贷目标的实现，并与农户非正规信贷行为方式的转变动态关联（张建杰，2009）。张建杰（2008）发现，社会资本水平较高的农户正规信贷的实际发生率较高，且户均信贷规模明显较大；农户非正规信贷发生率有随其社会资本水平的提高渐次下降的趋势，而户均信贷规模则有增加趋势；社会资本水平不同的农户通过非正规途径的信贷发生率高于通过正规途径，而前者的户均信贷规模明显低于后者，但其信贷目的差异并不显著。

7.2　农户借贷行为分化的实证检验

7.2.1　变量说明与模型设定

1. 变量说明

（1）物质资本

关于物质资本变量的内涵，经济学理论有着比较明确的界定和说明，但在实证分析中，物质资本变量的处理一直是个难题，也是研究者经常讨论的问题。就农业部门而言，土地和各种农业机械等是比较主要的物质资本，也是影响农业部门产出的重要投入要素。为此，本章在考虑农户物质资本时，沿袭第五章的分析思路，重点考察农户拥有的固定资产和耕地面积情况。其中，固定资产的调查范围包括农户当前拥有的生活性固定资产和生产性固定资产，这主要是因为，本书着重分析的是固定资产对农户借贷行为变迁的可能影响，而不仅仅是农户的农业生产经营活动，在目前小农户普遍缺乏有效抵押品的情况下，农户的生活性固定资产和生产性固定资产都可能影响农户借贷行为。

（2）社会资本

根据前文对社会资本概念的界定，考虑到本书研究目标的需要，这里对实证分析中农户社会资本的基本类型设置和解释具体如下：① 政治关系，主要指农户由于所拥有的政治身份而形成的特定关系网络，进而影响其资源配置能力，用农户是否为党员和乡村干部来测度；② 农民专业合作组织关系，主要指农户与农民专业合作组织之间较为明确的产前、产中和产后联系，这里以农户是否加入农民专业合作组织和相应的农业技术指导情况为衡量标准；③ 正规金融机构关系，主要指农户围绕资金与农村地区正规金融机构所形成的存款、贷款、信用等关系，用农户的农村信用社社员身份和农村正规金融机构借贷情况作为替代；④ 亲戚关系，主要指农户因血缘关系所形成的关系网络资本，用农户经常来往的亲戚数量和信任程度来反映；⑤ 邻里关系，主要指农户因地缘关系与当地特定区域的农户之间所形成的关系网络资本，用农户与邻里间的和睦程度和信任程度来反映。

（3）社会资本与物质资本的交互项

从动态视角来看，农户的物质资本和社会资本可能会出现趋同趋势。因此，为了更好地理解和分析社会资本对农户分化以后借贷行为的影响，本章在估计模型时还增加了社会资本与物质资本的交互项，以考察社会资本对不同类型农户借贷行为的影响，探讨社会资本与物质资本的交互作用机制，寻求解决农户特别是中低收入小农户借贷难问题的有效途径。

（4）控制变量

此外，为了控制社会资本对农户借贷行为的影响，本章在设置计量经济模型时增加了两类变量：一是农户个体及家庭特征变量（周宗安，2010；程恩江等，2010；王定祥等，2011），主要包括农户的年龄、文化程度、外出打工经历、专业技能（指农户拥有一技之长或某一方面的手艺，如做瓦工、修理等）、家庭非农劳动力（指农户家庭劳动力中，大部分时间在从事非农产业生产经营活动的劳动力人数）；二是地区虚拟变量，以反映农户所在地区对其借贷行为的可能影响。

用于实证分析的计量经济模型所使用的各变量设置及取值说明详见表7-1。

表7-1 变量设置及取值说明

变量类型	变量代码	变量名称	取值说明
因变量（Y）	crescal	借贷规模	1表示实际借贷额度2000元以下；2表示2001—5000元之间；3表示5001—10000元之间；4表示10001—20000元之间；5表示20001元以上
	crepurp	借贷用途	0表示生活性用途，1表示生产性用途
	cresour	借贷来源	0表示正规金融机构，1表示非正规金融机构
	income	家庭收入	1表示收入1万以下；2表示1—2万之间；3表示2—3万之间，4表示3—4万之间，5表示4万以上
自变量控制变量（CV）	age	年龄	农户户主年龄
	edu	文化程度	1表示小学及以下；2表示初中；3表示高中和中专；4表示大专及以上
	outw	外出打工经历	0表示没有外出打工经历；1表示有
	pros	专业技能	0表示没有专业技能；1表示有
	nlabor	非农就业劳动力	家庭中常年从事非农就业的劳动力人数
	dum	地区虚拟变量	0表示中西部地区；1表示东部地区

变量类型	变量代码	变量名称	取值说明
物质资本（MC）	asset	家庭固定资产	农户拥有的生活性和生产性固定资产现值
	land	耕地面积	农户实际种植的耕地面积数
社会资本（SC）	cpc	党员	0 表示普通群众；1 表示中共党员
	lead	乡村干部	0 表示普通群众；1 表示乡村干部
	acor	农民专业合作组织	0 表示没有加入农民专业合作组织；1 表示加入
	aext	农业技术指导	农民专业合作组织对农户的农业技术指导次数
	mrcc	农村信用社社员	0 表示不是农村信用社社员；1 表示是
	forin	正规金融机构贷款	0 表示从未获得正规金融机构贷款；1 表示获得过
	qins	亲戚数量	农户经常来往的亲戚数
	qinx	亲戚间信任程度	1 表示非常不信任；5 表示非常信任（五分制）
	linh	邻里间和睦程度	1 表示非常不和睦；5 表示非常和睦（五分制）
	linx	邻里间信任程度	1 表示非常不信任；5 表示非常信任（五分制）
社会资本与物质资本的交互项（SC×MC）	cpc×asset	党员与固定资产的交互项	
	cpc×land	党员与耕地面积的交互项	
	lead×asset	乡村干部与固定资产的交互项	
	lead×land	乡村干部与耕地面积的交互项	

变量类型	变量代码	变量名称	取值说明
	acor×asset	农民专业合作组织与固定资产的交互项	
	acor×land	农民专业合作组织与耕地面积的交互项	
	aext×asset	农业技术指导与固定资产的交互项	
	aext×land	农业技术指导与耕地面积的交互项	
	mrcc×asset	农村信用社社员与固定资产的交互项	
	mrcc×land	农村信用社社员与耕地面积的交互项	
	forin×asset	正规金融机构贷款与固定资产的交互项	
	forin×land	正规金融机构贷款与耕地面积的交互项	
	qins×asset	亲戚数量与固定资产的交互项	
	qins×land	亲戚数量与耕地面积的交互项	
	qinx×asset	亲戚间信任程度与固定资产的交互项	
	qinx×land	亲戚间信任程度与耕地面积的交互项	
	linh×asset	邻里间和睦程度与固定资产的交互项	
	linh×land	邻里间和睦程度与耕地面积的交互项	
	linx×asset	邻里间和睦程度与固定资产的交互项	
	linx×land	邻里间和睦程度与耕地面积的交互项	

2. 模型设定

根据第 3 章的理论分析结论，在农户借贷行为变迁过程发生后，不同农户之间的借贷行为将表现出明显的分化特征，这种分化因物质资本拥有量不同而得到强化，由于转型时期农村金融市场机制的不完善，作为非正式制度的社会资本对农户借贷行为分化起着重要作用。为了检验以上理论判断，这里将构建计量经济模型进行相应的实证检验，其基本形式如下：

$$Y = \beta_0 + \beta_1 CV + \beta_2 MC + \beta_3 SC + \beta_4 SC \times MC + \mu$$

其中，Y 分别表示农户借贷规模、借贷用途、借贷来源和家庭收入；CV 表示控制变量，包括农户户主年龄、文化程度、外出打工经历、专业技能和地区虚拟变量；MC 表示物质资本变量，包括固定资产和耕地面积；SC 表示社会资本变量，包括政治关系（党员和干部）、农民专业合作组织关系（是否加入农民专业合作组织和农业技术指导次数）、正规金融机构关系（农村信用社社员和正规金融机构贷款）、亲戚关系（亲戚数量和亲戚间信任程度）和邻里关系（邻里间和睦程度和邻里间信任程度）；$SC * MC$ 表示社会资本和物质资本的交互项；β 表示待估系数，μ 表示随机误差项。

在具体的模型形式和模型估计方面，当因变量为农户借贷规模和家庭收入时，其取值均为连续变量，因而采用的是多元线性回归模型，相应的估计方法为最小二乘估计；当因变量为农户借贷用途和借贷来源时，其取值均为 0—1 变量，因而采用的是 Probit 模型，相应的估计方法为极大似然估计。

表 7 - 2　各个变量的描述性统计结果

	均值	标准差	最小值	最大值
crescal	3.13	1.33	0	5
yongtu	0.14	0.34	0	1
laiyuan	0.63	0.29	0	1
income	2.93	2.10	1	5
asset	4.12	11.75	0.04	47
land	6.72	12.62	0.5	62
cpc	0.21	0.41	0	1
lead	0.16	0.39	0	1
acorp	0.13	0.35	0	1
aext	0.20	0.41	0	6
mrcc	0.16	0.39	0	1
forin	0.10	0.29	0	1
qinqi	12.83	9.78	5	32
qinxin	4.20	1.43	1	5
linhe	4.13	1.44	1	5
linxin	3.60	1.54	1	5
age	43.82	9.24	23	67
edu	1.87	0.83	0	4
outw	0.55	0.50	0	1
pros	0.50	0.50	0	1
nlabor	1.27	1.13	0	5
dum	0.50	0.50	0	1

7.2.2 数据来源和样本特征

本研究所使用的数据来源与第 6 章完全一致，具体情况此前已经详细说明，此处不再赘述。根据样本农户实地调查结果，这里报告了各个变量的描述性统计结果[①]（表 7-2），并进行简要分析。

因变量中，农户借贷规模变量平均值为 3.13；借贷用途变量平均值为 0.14；借贷来源变量平均值为 0.63；家庭收入变量平均值为 2.93。物质资本变量中，固定资产变量平均值为 4.12；耕地面积变量平均值为 6.72。社会资本变量中，党员变量平均值为 0.21；乡村干部变量平均值为 0.16；农民专业合作组织变量平均值为 0.13，农业技术指导变量平均值为 0.20，农村信用社社员变量平均值为 0.16，正规金融机构贷款经历变量平均值为 0.10，亲戚数量变量平均值为 12.83，亲戚间信任程度变量平均值为 4.20，邻里间和睦程度变量平均值为 4.13，邻里间信任程度变量平均值为 3.60。农户个体及家庭特征变量中，年龄变量平均值为 43.82；文化程度变量平均值为 1.87；外出打工经历变量平均值为 0.55；专业技能变量平均值为 0.50；家庭非农劳动力变量平均值为 1.27。固定资产变量平均值为 4.12；耕地面平均值为 6.72。此外，地区虚拟变量的平均值为 0.50。

7.3 模型估计结果解释

综合上述分析，这里使用农户实地调查数据，分别以农户借

---

① 为简便起见，这里没有列出物质资本与社会资本的交互项描述性统计结果。

表7-3 资本影响农户借贷规模差异的模型估计结果

控制变量	模型 a	模型 b	模型 c	模型 d	模型 e
常数项	-2.8927 (0.00)***	-2.6764 (0.00)***	-2.6682 (0.00)***	-2.1397 (0.00)***	-2.1439 (0.00)***
age	-0.0006 (0.19)	-0.0034 (0.17)	-0.0024 (0.18)	-0.0001 (0.16)	-0.0044 (0.16)
edu	-0.0848 (0.18)	-0.0830 (0.19)	-0.0546 (0.16)	-0.0674 (0.17)	-0.0714 (0.15)
outw	0.1935 (0.19)	0.1056 (0.14)	0.1210 (0.14)	0.1908 (0.19)	0.2160 (0.15)
pros	0.0868 (0.05)**	0.0575 (0.07)*	0.1018 (0.08)*	0.0501 (0.07)*	0.0538 (0.07)*
nlabor	-0.0240 (0.16)	-0.0507 (0.14)	-0.0469 (0.14)	-0.0756 (0.12)	-0.0723 (0.12)
dum	-0.0328 (0.08)*	-0.0459 (0.07)*	-0.0649 (0.06)*	-0.1066 (0.07)*	-0.0408 (0.09)*
物质资本					
asset	0.0259 (0.00)***	0.0256 (0.00)***	0.0215 (0.02)**	0.0118 (0.07)*	0.0062 (0.08)*
land	0.0120 (0.02)**	0.0149 (0.03)**	0.0177 (0.02)**	0.0095 (0.01)***	0.0140 (0.06)*
社会资本					
cpc	-0.1153 (0.17)				
lead	0.4361 (0.01)***				
acor		-0.1249 (0.14)			
aext		0.5762 (0.08)*			
mrcc			0.0694 (0.13)		
forin			0.6541 (0.01)***		
qins				-0.0034 (0.10)*	

	模型 a	模型 b	模型 c	模型 d	模型 e
qinx				0.1769 (0.02)**	
linh					−0.0188 (0.15)
linx					0.2282 (0.05)**
社会资本与物质资本的交互项					
cpc×asset	0.0035 (0.11)				
cpc×land	0.0159 (0.08)*				
lead×asset	0.0081 (0.03)**				
lead×land	0.0068 (0.07)**				
acor×asset		0.0098 (0.11)			
acor×land		0.0070 (0.10)*			
aext×asset		0.0009 (0.07)*			
aext×land		0.0049 (0.05)**			
mrcc×asset			0.0028 (0.10)*		
mrcc×land			0.0045 (0.11)		
forin×asset			0.0026 (0.09)*		
forin×land			0.0147 (0.07)*		
qins×asset				0.0001 (0.09)*	
qins×land				0.0006 (0.13)	

续　表

	模型 a	模型 b	模型 c	模型 d	模型 e
qinx×asset				0.0028 (0.07)*	
qinx×land				0.0055 (0.05)**	
linh×asset					0.0035 (0.11)
linh×land					0.0144 (0.13)
linx×asset					0.0010 (0.09)*
linx×land					0.0169 (0.07)*
调整后 R^2	0.0597	0.0668	0.0746	0.0689	0.0683
Prob＞F	0.0014	0.0006	0.0002	0.0005	0.0005

注：括号内为 P 值；*、**和***分别表示估计结果在10%、5%和1%的水平上显著。

表 7 - 4 资本影响农户借贷用途差异的模型估计结果

变量	模型 a	模型 b	模型 c	模型 d	模型 e
控制变量					
常数项	-1.5468 (0.03)**	-1.5437 (0.03)**	-1.7077 (0.03)**	-2.072 (0.04)**	-1.6220 (0.10)*
age	-0.0202 (0.07)*	-0.0196 (0.08)*	-0.0186 (0.15)	-0.0163 (0.15)	-0.0223 (0.05)**
edu	-0.0420 (0.17)	-0.0978 (0.14)	-0.0533 (0.17)	-0.0660 (0.16)	-0.0262 (0.18)
outw	0.3295 (0.10)*	0.2911 (0.14)	0.0603 (0.08)*	0.3291 (0.11)	0.2870 (0.15)
pros	0.1927 (0.31)	0.1545 (0.42)	0.0054 (0.39)	0.1257 (0.35)	0.2070 (0.27)
nlabor	0.0147 (0.14)	0.0106 (0.17)	0.0447 (0.11)	0.0921 (0.14)	0.0108 (0.15)
dum	-0.3511 (0.06)*	-0.34600.07)*	-0.1727 (0.04)**	-0.3105 (0.11)	-0.3768 (0.06)*
物质资本					
asset	0.0269 (0.00)***	0.0372 (0.00)***	0.0309 (0.01)***	0.0076 (0.05)**	0.1247 (0.00)***
land	0.0059 (0.12)	0.0002 (0.10)*	0.0029 (0.17)	0.0223 (0.09)*	0.0571 (0.07)*
社会资本					
cpc	-0.6164 (0.15)				
lead	0.5816 (0.12)				
acor		0.0332 (0.09)*			
aext		0.8503 (0.00)***			
mrcc			-0.2056 (0.11)		
forin			2.0786 (0.00)***		
qins				-0.0363 (0.00)***	

	模型 a	模型 b	模型 c	模型 d	模型 e
qinx				−0.0277 (0.09)*	−0.0133 (0.12)
linh					
linx					0.0419 (0.09)*
社会资本与物质资本的交互项					
cpc×asset	0.0657 (0.14)				
cpc×land	0.0142 (0.12)				
lead×asset	0.0510 (0.10)*				
lead×land	0.0112 (0.07)*				
acor×asset		0.0239 (0.04)**			
acor×land		0.0258 (0.11)			
aext×asset		0.0106 (0.07)*			
aext×land		0.0130 (0.05)**			
mrcc×asset			0.0256 (0.08)*		
mrcc×land			0.0274 (0.06)*		
forin×asset			0.1539 (0.03)**		
forin×land			0.0422 (0.05)**		
qins×asset				0.0001 (0.08)*	
qins×land				0.0001 (0.10)*	

续　表

	模型 a	模型 b	模型 c	模型 d	模型 e
qinx×asset				0.0063 (0.05)**	
qinx×land				0.0032 (0.07)*	
linh×asset					0.0272 (0.02)**
linh×land					0.0024 (0.08)*
linx×asset					0.0040 (0.06)*
linx×land					0.0137 (0.03)**
R^2	0.0443	0.0599	0.2224	0.0543	0.0486
Log likelihood	−412.72	−405.97	−335.82	−401.20	−409.76
Prob > chi2	0.0000	0.0000	0.0000	0.0000	0.0001

注：括号内为 P 值；*，** 和 *** 分别表示示估计结果在 10%、5% 和 1% 的水平上显著。

转型时期中国农户借贷演变为行基于中期视角的研究——基于迁移与分化视角的研究

表 7 - 5　资本影响农户借贷来源差异的模型估计结果

控制变量	模型 a	模型 b	模型 c	模型 d	模型 e
常数项	2.7286 (0.00)***	2.872 (0.00)***	2.9907 (0.00)***	2.7287 (0.02)***	4.2801 (0.00)***
age	0.0151 (0.12)	0.0064 (0.16)	0.0001 (0.11)	0.0098 (0.14)	0.0151 (0.12)
edu	−0.0383 (0.17)	−0.0426 (0.14)	−0.0250 (0.16)	−0.0387 (0.13)	−0.0235 (0.19)
outw	−0.7330 (0.00)***	−0.6191 (0.02)**	−0.6118 (0.05)**	−0.6125 (0.02)**	−0.6672 (0.01)***
pros	−0.5119 (0.03)**	−0.4383 (0.07)*	−0.4828 (0.03)**	−0.5296 (0.03)**	−0.5015 (0.04)**
nlabor	0.1179 (0.14)	0.1219 (0.12)	0.0015 (0.12)	0.0663 (0.15)	0.0776 (0.14)
dum	−0.5305 (0.03)**	−0.5259 (0.03)**	−0.5005 (0.04)**	−0.5849 (0.02)**	−0.4518 (0.07)*
物质资本					
asset	−0.0162 (0.10)*	−0.0194 (0.10)*	−0.0140 (0.08)*	−0.1031 (0.12)	−0.0634 (0.13)
land	0.0305 (0.16)	0.0360 (0.12)	0.0207 (0.16)	0.0214 (0.11)	0.0340 (0.12)
社会资本					
cpc	−0.8376 (0.09)*				
lead	−0.1866 (0.12)				
acor		0.7000 (0.13)			
aext		−1.0523 (0.01)***			
mrcc			0.0042 (0.11)		
forin			−0.8923 (0.00)***		
qins				0.0094 (0.12)	

	模型 a	模型 b	模型 c	模型 d	模型 e
qinx				0.0419 (0.08)*	
linh					−0.4670 (0.05)**
linx					0.0905 (0.06)*
社会资本与物质资本的交互项					
cpc×asset	0.0927 (0.12)				
cpc×land	0.0171 (0.07)*				
lead×asset	−0.083 (0.14)				
lead×land	0.0097 (0.15)				
acor×asset		−0.0020 (0.09)*			
acor×land		0.0329 (0.17)			
aext×asset		−0.0178 (0.08)*			
aext×land		−0.0161 (0.06)*			
mrcc×asset			−0.0002 (0.09)*		
mrcc×land			−0.0001 (0.07)*		
forin×asset			−0.1009 (0.00)***		
forin×land			0.0022 (0.00)***		
qins×asset				0.0006 (0.03)**	
qins×land				0.0001 (0.09)*	

第 7 章 中国农户借贷行为分化的实证检验

153

续　表

	模型 a	模型 b	模型 c	模型 d	模型 e
qinx×asset				0.0241 (0.09)*	
qinx×land				0.0037 (0.08)*	
linh×asset					0.0246 (0.08)*
linh×land					0.0089 (0.05)**
linx×asset					−0.0147 (0.04)**
linx×land					−0.0193 (0.04)**
R^2	0.0637	0.0904	0.0583	0.0576	0.0691
Log likelihood	−302.43	−293.81	296.79	−298.75	−297.81
Prob > chi2	0.0002	0.0000	0.0000	0.0009	0.0001

注：括号内为 P 值；*、**和***分别表示估计结果在 10%、5%和 1%的水平上显著。

表7-6 资本影响农户收入差异的模型估计结果

控制变量	模型 a	模型 b	模型 c	模型 d	模型 e
常数项	-16.7953 (0.11)	-15.7125 (0.13)	-16.1985 (0.12)	9.3590 (0.15)	-11.1122 (0.14)
age	0.5417 (0.00)***	0.5337 (0.00)***	0.5276 (0.00)***	0.5493 (0.00)***	0.5577 (0.00)***
edu	0.6782 (0.16)	0.4227 (0.16)	0.3827 (0.23)	0.5431 (0.17)	0.3294 (0.16)
outw	0.7939 (0.17)	0.5340 (0.14)	0.4539 (0.18)	0.5548 (0.12)	0.6952 (0.15)
pros	1.1607 (0.11)	0.9816 (0.14)	1.0786 (0.10)*	1.0018 (0.11)	0.8574 (0.17)
nlabor	1.5518 (0.22)	1.6637 (0.18)	1.6832 (0.19)	1.8759 (0.17)	1.8320 (0.16)
dum	-3.1999 (0.12)	-2.6987 (0.18)	-2.9858 (0.15)	-2.6981 (0.16)	-3.3912 (0.16)
物质资本					
asset	0.0033 (0.09)*	0.0356 (0.14)	0.0276 (0.11)	0.4828 (0.05)**	0.04016 (0.06)*
land	0.0841 (0.11)	0.2634 (0.12)	0.0978 (0.13)	1.0886 (0.14)	0.5903 (0.15)
社会资本					
cpc	-1.8068 (0.12)				
lead	3.0450 (0.06)*				
acor		-2.2638 (0.13)			
aext		1.5094 (0.07)*			
mrcc			-2.715 (0.15)		
forin			0.0417 (0.10)*		
qins				-0.1947 (0.12)	

	模型 a	模型 b	模型 c	模型 d	模型 e
qinx				−6.060 (0.02)**	
linh					1.5268 (0.06)*
linx					−3.5183 (0.11)
社会资本与物质资本的交互项					
cpc×asset	0.0610 (0.13)				
cpc×land	0.0072 (0.11)				
lead×asset	0.0104 (0.10)*				
lead×land	0.0709 (0.09)*				
acor×asset		0.03465 (0.11)			
acor×land		0.0440 (0.11)			
aext×asset		−0.0557 (0.09)*			
aext×land		0.2125 (0.04)**			
mrcc×asset			0.0028 (0.10)*		
mrcc×land			0.0703 (0.13)		
forin×asset			−0.0167 (0.06)*		
forin×land			0.0851 (0.05)**		
qins×asset				0.0104 (0.08)*	
qins×land				0.0067 (0.09)*	

	模型 a	模型 b	模型 c	模型 d	模型 e
qinx×asset				0.0837 (0.11)	
qinx×land				0.2418 (0.12)	
linh×asset					−0.0088 (0.13)
linh×land					−0.0608 (0.07)*
linx×asset					0.0060 (0.09)*
linx×land					0.2033 (0.13)
Prob > F	0.3722	0.3711	0.4106	0.1268	0.2889
调整后 R^2	0.0010	0.0010	0.0005	0.0057	0.0023

注：括号内为 P 值；*、**和***分别表示估计结果在 10%、5%和 1%的水平上显著。

贷规模、农户借贷用途、农户借贷来源和农户家庭收入为被解释变量进行了回归分析，表7-3、表7-4、表7-5和表7-6分别报告了各个模型估计的主要结果。

1. 物质资本

固定资产变量对农户借贷规模、借贷用途和家庭收入的影响均为正，并分别在不同的显著性水平上（各个具体模型估计结果的显著性有一定差异）通过检验；对农户借贷来源的影响为负，并在10％的显著性水平上通过检验。在农村地区普遍缺少有效抵押品的情况下，拥有较多家庭固定资产的农户在借贷时，更容易获得资金支持，特别是对于放贷条件要求比较高的各类正规金融机构而言；同时，固定资产水平也是农户家庭实力的重要体现，这往往与较高的生产经营能力和投资意愿相对应，因而对借贷资金需求比较大。从动态视角来看，拥有较多固定资产的农户，一方面，这可能意味着农户有较高的收入水平，特别是将其与生活性固定资产相联系时；另一方面，这可能说明农户具备较为良好的生产经营基础，甚至是生产经营能力，其未来的预期收入将比较有保障，从而增强正规金融机构对农户申请贷款的判断力，降低该类农户在农村正规金融市场上的进入门槛。

耕地面积变量对农户借贷规模、借贷用途、借贷来源和家庭收入的影响均为正，但只有农户借贷规模和借贷用途的估计结果在不同的显著性水平上（各个具体模型估计结果的显著性有一定差异）通过检验。根据上述估计结果可以发现，实际耕地面积较大的农户往往表现出较大的借贷规模，且以生产性用途为主，这可能和土地生产经营投入的资金需求量有关。一方面，农户的这一特征可以成为正规金融机构观测农户信息的重要参考，由此获得较多的正规金融借贷支持；另一方面，在现行政策环境下，土地并不能直接充当抵押品，且来自农业生产特别是土地经营的收入在农户家庭总收入中的比例是很有限的，因而降低了农户被正规金融机构认可的机会，这从农户借贷来源以非正规金融为主也可以得到验证。

2. 社会资本

(1) 政治关系

党员变量对农户借贷规模、借贷用途、借贷来源和家庭收入的影响均为负，但只有农户借贷来源的估计结果在 10% 的显著性水平上通过检验，这表明，拥有党员身份并不能直接促进农户借贷规模的扩大和家庭收入水平的提高，但农户借贷资金用于生活性支出的比例有上升趋势。在农村地区，中共党员数量较少，能够成为党员意味着对农户在品德、能力和收入等多方面的认可，在这种情况下，农户的党员身份在一定程度上具有信用功能，有助于增加农户从正规金融机构获得借贷资金的机会。

乡村干部变量对农户借贷规模的影响为正，并在 1% 的显著性水平上通过检验；对农户借贷用途的影响为正，但在统计上不显著；对农户借贷来源的影响为负，并在 1% 的显著性水平上通过检验；对农户家庭收入的影响为正，并在 10% 的显著性水平上通过检验。上述结果说明，担任乡村干部的农户往往表现出较大的借贷规模，且这些借贷资金更多地是用于生产性支出，正规金融市场对这一类型的农户起着更为重要的作用，并最终促进农户家庭收入水平的提高。与一般农户相比，在其他条件相同的情况下，担任乡村干部的农户由于工作等原因，往往拥有较多的接触各类正规金融机构的机会，在交往中加深了解和认识，由此增加有效借贷机会，降低受到信贷配给的概率，在实际借贷额度方面具有一定优势，且更容易为正规金融机构所认可。从农村的实际情况来看，目前乡村干部的遴选机制已经发生较大变化，农户能够担任乡村干部，充分表明其在当地农村具有较高的认可度和影响力，由此带来较好的融资环境。

（2）农民专业合作组织关系

农民专业合作组织变量对农户借贷规模的影响为负，但在统计上不显著；对农户借贷用途的影响为正，并在 10% 的显著性水平上通过检验；对农户借贷来源的影响为正，但在统计上不显著；对农户家庭收入的影响为负，但在统计上不显著。农户加入农民专业合作组织后，由于具有组织依托关系，在实施监督与提高借贷资金偿还率方面，都将为资金供给方，特别是正规金融机构提供更为有效的控制途径，相对而言，更容易得到借贷支持。根据以上估计结果，尽管加入农民专业合作组织有利于增强小农户应对大市场的抗风险能力，但并不能从根本上改变农户在农村金融市场上的借贷难问题，非正规借贷仍是大多数农户的首要选择，这可能是因为农户和农民专业合作组织之间尚未建立起紧密的合作关系，对农户收入增长的作用比较有限。但是，对于那些加入农民专业合作组织的农户而言，他们更倾向于将借贷资金用于生产性支出。值得注意的是，从中国农村的现实情况来看，尽管近年来各类农民专业合作组织迅速发展，但由于多种原因，有相当一部分农民专业合作组织仍然是形式大于内容，并没有将分散的小农户有效地组织起来，走联合经营之路，潜在的组织优势尚未得到充分体现。

农业技术指导变量对农户借贷规模的影响为正，并在 10%的显著性水平上通过检验；对农户借贷用途的影响为正，并在

1％的显著性水平上通过检验；对农户借贷来源的影响为负，并在 1％的显著性水平上通过检验；对农户收入的影响为正，并在 10％的显著性水平上通过检验。农户在加入农民专业合作组织 后，如果还得到了及时的农业技术指导，这可能是农户和农民专业合作组织之间有效合作的某种反映。产生这种影响的关键在于农户得到及时的农业技术指导，这很可能表明，此时的农民专业合作组织与农户之间具有比较紧密的关系，分散的小农户是真正地被组织起来共同面对大市场，在增强抗风险能力和市场谈判地位的同时，也提高了农户被各类金融机构认可的概率，从而获得借贷资金支持。从以上估计结果还可以看出，这类农户的借贷用途以生产性支出为主，借贷来源更加偏向正规金融机构。

（3）正规金融机构关系

农村信用社社员变量对农户借贷规模和借贷来源的影响均为正，对农户借贷用途和农户家庭收入的影响均为负，但在统计上都不显著。从农户视角来看，农村信用社社员身份是与农村信用社建立信用、存贷款等关系的一个重要方面，尽管近年来农村信用社进行了一系列改革，使得这种社员身份的象征意义大于实际意义，但这对农村信用社了解农户信息仍具有较高的参考价值，而且可作为开发新的金融产品和服务的基础，例如，改革后的湖南省浏阳农村商业银行推出的农户贷款证，即是信用贷款上的一种创新，不要农户提供抵押，小额贷款可以随到随贷，为农户提供了便利的融资平台[1]。当然，需要指出的是，就总体而言，这类农户被正规金融机构接受和认可的比例仍然明显偏低，当有资金需求时，非正规借贷仍是他们的主要选择，这可能和其借贷主

---

① 农信社改革为农民带来什么，湖南日报，2011 年 5 月 26 日，第 7 版。

要用于生活性支出有一定关系。

正规金融机构贷款变量对农户借贷规模和借贷用途的影响均为正，且均在1％的显著性水平上通过检验；对农户借贷来源的影响为负，并在1％的显著性水平上通过检验；对农户家庭收入的影响为正，并在10％的显著性水平上通过检验。农村地区正规金融机构对农户的惜贷，甚至是不贷，一个重要原因就是难以充分了解农户的相关信息。如果农户以往曾经获得过正规金融机构的贷款，则在某种程度上意味着农户具有较强的经济能力，且以往的偿还贷款情况也较容易得到确认。因此，这类农户在向正规金融机构申请新的贷款时，其相关条件往往与正规金融机构的贷款要求比较接近，而且这类农户借贷用途以生产性支出为主，他们所提供的信息特别是预期偿还贷款的可能性等有利于正规金融机构作出准确判断，降低正规金融机构的风险预期，从而使得通过正规金融机构贷款审核的概率大大提高。

（4）亲戚关系

亲戚数量变量对农户借贷规模的影响为负，并在10％的显著性水平上通过检验；对农户借贷用途的影响为负，并在1％的显著性水平上通过检验；对农户借贷来源的影响为正，但在统计上不显著；对农户家庭收入的影响为负，但在统计上不显著。在中国经济相对落后的农村地区，由于正规金融机构的借贷门槛较高，农户的重要借贷来源之一是亲戚，但这种情况也在不断发生变化。一方面，随着农村经济的发展和资本的积累，农户收入总体在增长，并出现了一定的分化，部分农户收入远高于当地平均水平，可以比较方便地从正规金融机构贷款，特别是借贷资金用于生产经营时，市场交易往往成为首选，且这种现象在经济发达的东部地区已经比较明显，第6章对农户调查数据的统计分析结果也清楚地反映了这一点。另一方面，多年来农村劳动力流动日趋频繁，非农就业日益活跃，在一定程度上加速了农村内部的分化，农户早期高度依赖血缘关系的单一格局被打破，使得亲戚关系的重要性有所下降。此外，亲戚数量多的农户借贷用途主要用于生活性支出，并对非正规借贷有较高的依赖性。

亲戚间信任程度变量对农户借贷规模的影响为正，并在5％的水平上通过显著性检验；对农户借贷用途的影响为负，并在10％的显著性水平上通过检验；对农户借贷来源的影响为正，并在10％的显著性水平上通过检验；对农户家庭收入的影响为负，并在5％的显著性水平上通过检验。正如上文所分析的那样，尽管在农户的各种借贷来源中，亲戚的重要性有所下降，但血浓于水的基本特征决定了亲戚在农户借贷行为中的地位，特别是那些关系紧密的亲戚，以及由这些亲戚所形成的社会关系网络，有可能扩大农户的借贷选择余地。考虑到中国农村金融改革将是一个长期过程，中低收入融资难的问题短时间内难以得到根本改观，亲戚关系将继续对农户起着必要的支撑作用。此外，对于高收入尤其是东部地区的农户来说，来自农村信用社等正规金融机构的借贷资金比例有明显提高。亲戚间信任程度较高的农户，其借贷用途主要用于生活性支出，并对非正规借贷有较高的依赖性，这与上文的分析结果具有高度一致性。

（5）邻里关系

邻里间和睦程度变量对农户借贷规模和借贷用途的影响均为负，但在统计上均不显著；对农户借贷来源的影响为负，并在5％的显著性水平上通过检验；对农户家庭收入的影响为正，并在10％的显著性水平上通过检验。这一估计结果的直接含义是，较好的邻里间关系并不必然带来更大的农户借贷规模，这可能是因为邻里间和睦程度并不直接对农户借贷行为产生影响，而是通过影响农户所处的村庄环境对农户借贷行为产生影响。事实上，邻里关系越和睦，农户之间越容易形成共同愿景，该区域的社会氛围也容易进入良性循环，特别是对于经济欠发达地区，这种和睦关系有助于农户间的联合，形成具有提供类似抵押品的集体，通过农户联保贷款等方式，获得正规金融机构的支持，这一点从该类农户借贷来源以正规金融机构为主可以得到验证。

邻里间信任程度变量对农户借贷规模、借贷用途和借贷来源的影响均为正，并分别在 5％、10％和 10％的显著性水平上通过检验；对农户家庭收入的影响为负，但在统计上不显著。上述估计结果说明，在长期的生活生产中所形成的农村地缘关系，已经成为农户生活生产中必不可少的组成部分。从生活方面来看，农村地区邻里间信任程度越高，则农户的生活环境越便利，也有助于生产活动的开展；从生产方面来看，农户邻里间信任程度越高，无论是具体的生产经营活动本身，还是与生产经营直接相关的融资活动，正如上文所言，都将因此而得到不同程度的改善，由此促进农户借贷规模的扩大，并以生产性用途为主，但非正规借贷仍是该类农户的主要借贷来源。

3. 社会资本与物质资本的交互项

（1）政治关系与物质资本的交互项

党员与固定资产的交互项对农户借贷规模、借贷用途、借贷来源和家庭收入的影响均为正，但在统计上都不显著。党员与耕地面积的交互项对农户借贷规模和借贷来源的影响均为正，并通过显著性检验；对农户借贷用途和家庭收入的影响为正，但在统计上不显著。这说明，随着农户固定资产和耕地面积的扩大，党员身份的作用不会显著减弱，也不会显著增强，即农户借贷有所扩大，生产性用途有所增加，非正规借贷依然比较重要，并带来一定的家庭收入水平提高。

乡村干部与固定资产的交互项对农户借贷规模、借贷用途和家庭收入的影响均为正，并分别通过显著性检验；对农户借贷来源的影响为负，但在统计上不显著。乡村干部与耕地面积的交互项对农户借贷规模、借贷用途和家庭收入的影响均为正，并分别通过显著性检验；对农户借贷来源的影响为正，但在统计上不显著。这表明，随着农户固定资产和耕地面积的扩大，乡村干部身份的作用总体上明显增强，促进了农户借贷规模的扩大，生产性用途明显增加，家庭收入水平提高，但固定资产较多的农户相对偏向正规借贷，而耕地面积较大的农户相对偏向非正规借贷。

农户借助政治关系有利于与当地政府部门建立各种联系，从而增加其获取政府资源配置的机会。目前，中国正处于经济转型时期，市场配置资源和政府配置资源两种方式并存，经济薄弱的农村地区对政府部门的依赖更为突出，这势必会影响扎根于农村的金融机构决策。如果考虑到农村正规金融机构往往难以获取农户信息这一现实，则拥有一定政治关系的农户在面临资金需求时，将更容易得到正规金融机构的支持。

（2）农民专业合作组织关系与物质资本的交互项

农民专业合作组织与固定资产的交互项对农户借贷规模和家庭收入的影响为正，但在统计上不显著；对农户借贷用途的影响为正，并通过显著性检验；对农户借贷来源的影响为负，并通过显著性检验。农民专业合作组织与耕地面积的交互项对农户借贷规模、借贷用途、借贷来源和家庭收入的影响均为正，但只有对农户借贷规模的估计结果在统计上是显著的。这表明，随着固定资产水平的上升，加入农民专业合作组织后，农户借贷规模和家庭收入并未明显扩大，生产性借贷支出显著提高，且以正规借贷为主；随着耕地面积的扩大，农户借贷规模明显上升，借贷用途相对偏向于生产性支出，借贷来源相对偏向于非正规借贷。

农业技术指导与固定资产的交互项对农户借贷规模和借贷用途的影响均为正，对农户借贷来源和家庭收入的影响均为负，但都通过显著性检验。农业技术指导与耕地面积的交互项对农户借贷规模、借贷用途和家庭收入的影响均为正，并通过显著性检验；对农户借贷来源的影响为负，并通过显著性检验。这表明，随着固定资产水平的上升，农业技术指导次数的增加显著扩大了农户借贷规模，且以生产性支出为主，借贷来源相对偏向于正规借贷，家庭收入有所提高；随着耕地面积的扩大，农业技术指导次数的增加显著扩大了农户借贷规模和家庭收入，且以生产性支出为主，并显著依赖于正规借贷。

依托所参与的农民专业合作组织，农户可以获得农业生产技术上的指导，实现信息来源的多元化，降低生产经营风险，提高生产经营技能，在长期，农户甚至会扩大生产经营规模。在农户普遍缺乏有效抵押品的情况下，通过观察农户与农民专业合作组织的关系状况，金融机构可以设计相应的信贷产品组合，从而筛选出生产经营风险更低的农户，提高对农户的甄别能力；非正规金融机构在了解农户实际生产经营信息方面无疑更具有优势，对农户生产经营的预期收入将能够做出比较准确的判断。

（3）正规金融机构关系与物质资本的交互项

农村信用社社员与固定资产的交互项对农户借贷规模、借贷用途和家庭收入的影响均为正，对农户借贷来源的影响为负，但都通过显著性检验。农村信用社社员与耕地面积的交互项对农户借贷规模、借贷用途和家庭收入的影响均为正，但只有对农户借贷用途的估计结果是显著的；对农户借贷来源的影响为负，但在统计上不显著。这表明，随着固定资产水平的上升，农村信用社社员身份显著提高了农户借贷规模和家庭收入，且以生产性借贷为主，并显著依赖于正规借贷；随着耕地面积的扩大，农村信用社社员身份对农户借贷规模和家庭收入有一定的积极作用，生产性借贷支出显著提高，借贷来源相对偏向于正规借贷。

正规金融机构贷款与固定资产的交互项对农户借贷规模和借贷用途的影响均为正，并分别通过显著性检验；对农户借贷来源和家庭收入的影响均为负，并分别通过显著性检验。正规金融机构贷款与耕地面积的交互项对农户借贷规模、借贷用途、借贷来源和家庭收入的影响均为正，并分别通过显著性检验。这表明，随着固定资产水平的上升，正规金融机构贷款经历显著提高了农户借贷规模和生产性借贷支出，借贷来源明显偏向于正规借贷；随着耕地面积的扩大，正规金融机构贷款经历显著提高了农户借贷规模、生产性借贷支出和家庭收入水平，借贷来源明显偏向于非正规借贷。

相比于一般农户，由于存贷款等原因与正规金融机构建立有各种关系的农户，其重要信息更为公开和透明，这不仅降低了农村地区金融机构的信息搜寻成本，也有利于金融机构对农户的能力和信用进行一定的评估，从而更加便捷地识别提交贷款申请的农户，有效控制农户贷款风险。

（4）亲戚关系与物质资本的交互项

亲戚数量与固定资产的交互项对农户借贷规模、借贷用途、借贷来源和家庭收入的影响均为正，并分别通过显著性检验。亲戚数量与耕地面积的交互项对农户借贷规模、借贷用途、借贷来源和家庭收入的影响均为正，但只有对农户借贷规模的估计结果在统计上不显著。这表明，随着固定资产水平的上升，亲戚数量的增加显著提高了农户借贷规模、生产性借贷支出和家庭收入水平，借贷来源明显偏向于非正规借贷；随着耕地面积的扩大，亲戚数量的增加对农户借贷规模扩大的作用不明显，但生产性借贷支出和家庭收入水平显著提高，借贷来源明显偏向于非正规借贷。

亲戚间信任程度与固定资产的交互项、亲戚间信任程度与耕地面积的交互项对农户借贷规模、借贷用途、借贷来源和家庭收入的影响均为正，但只有对农户家庭收入的估计结果在统计上不显著。这表明，随着固定资产水平的上升和耕地面积的扩大，亲戚间信任程度上升显著提高了农户借贷规模和生产性借贷支出，借贷来源明显偏向于非正规借贷，但对家庭收入的作用不明显。

（5）邻里关系与物质资本的交互项

邻里间和睦程度与固定资产的交互项对农户借贷规模为正，对农户家庭收入的影响为负，但在统计上均不显著；对农户借贷用途和借贷来源的影响均为正，并分别通过显著性统计检验。邻里间和睦程度与耕地面积的交互项对农户借贷规模、借贷用途和借贷来源的影响均为正，但只有对农户借贷规模的估计结果不显著；对农户家庭收入的影响为负，并通过显著性检验。这表明，随着固定资产水平的上升，邻里间和睦程度上升对农户借贷规模和家庭收入的作用不明显，但生产性借贷支出显著提高，借贷来源明显偏向于非正规借贷；随着耕地面积的扩大，邻里间和睦程度上升对农户借贷规模的作用不明显，但生产性借贷支出显著提高，借贷来源明显偏向于非正规借贷。

邻里间信任程度与固定资产的交互项对农户借贷规模、借贷用途和家庭收入的影响均为正，并分别通过显著性检验；对农户借贷来源的影响为负，并通过显著性检验。邻里间信任程度与耕地面积的交互项对农户借贷规模、借贷用途和家庭收入的影响均为正，但只有对农户家庭收入的估计结果不显著；对农户借贷来源的影响为负，并通过显著性检验。这表明，随着固定资产水平的上升，邻里间信任程度上升显著提高了农户借贷规模、生产性借贷支出和家庭收入，借贷来源明显偏向于正规借贷；随着耕地面积的扩大，邻里间信任程度上升显著提高了农户借贷规模和生产性借贷支出，借贷来源明显偏向于正规借贷，但对家庭收入的作用不明显。

在中国农村地区，农户的生活生产区域相对固定，邻里之间已经在长期积累中建立起稳定的关系。从动态视角来看，邻里间的这种关系有助于在农村地区形成良好的社会环境，强化农户彼此之间的信任与合作，成为化解道德风险和信贷风险的有力支撑，提高整个地区农户信贷可得性。

4. 控制变量

年龄变量对农户借贷规模的影响为正，但在统计上不显著；对农户借贷用途的影响为负，并通过显著性统计检验；对农户借贷来源的影响为正，但在统计上不显著；对农户家庭收入的影响为正，并通过显著性统计检验。这一结果表明，随时年龄的增长，农户借贷规模有下降趋势，借贷用途以生活性支出为主，并对非正规借贷有较强的依赖性，且家庭收入有逐渐增加趋势。

文化程度变量对农户借贷规模、借贷用途和借贷来源的影响均为负，对农户家庭收入的影响为正，但在统计上都不显著。这意味着，随着文化程度的提高，农户借贷规模呈一定的下降趋势，借贷用途比较偏向生活性支出，借贷来源比较偏向非正规借贷，但家庭收入水平有明显增加趋势。

外出打工经历变量对农户借贷规模、借贷用途和家庭收入的影响均为正，但只有农户借贷用途的估计结果在统计上是显著的；对农户借贷来源的影响为负，但在统计上不显著。根据上述结果，具有外出打工经历的农户借贷规模有一定的扩大趋势，借贷用途以生产性支出为主，借贷来源比较偏向农村正规金融市场，家庭收入有一定的增加趋势。

家庭非农劳动力变量对农户借贷规模的影响为负，对农户借贷用途、借贷来源和家庭收入的影响为正，但在统计上都不显著。根据这一分析结果，家庭非农劳动力多的农户借贷规模有一定的下降趋势，借贷用途比较偏向生产性支出，借贷来源比较偏向农村非正规金融市场，家庭收入有一定的增加趋势。

7.4 进一步讨论：农户借贷行为分化与农村正规金融供给

现阶段的农村商业贷款市场看似类型多样，有小贷公司、村镇银行、农村合作银行、农村商业银行、农村信用合作社、中国农业银行、其他商业银行以及农业发展银行等。但是中国农业银行和其他商业银行基本不参与农村借贷，而农业发展银行属于国家政策性银行，主要可以提供给农户借贷服务的是其他六类金融机构，以及一些私人民间借贷组织，例如农民资金互助社。这些金融机构在农村地区出现过度竞争的局面。通过对实际情况的观察，我们发现在大多数农户都存在信贷配给的情况下，部分规模化大农户则成为这些金融机构竞相抢夺的大客户。从成本收益的角度来看，这些农户借贷数额大，维护管理成本小，相对风险较小。但是从林毅夫的金融功能论角度来说，小农户应该由小的机构来服务，大农户应该由大机构来服务，那么那些规模化的大农户，他们完全可以进行更高级别的商业借贷（例如抵押借贷）；相比较而言，应该服务小农户和微小农业生产商的小贷公司、村镇银行、农场合作银行等，就不应该去参与竞争，否则将不利于农场金融市场细分，提高有效金融服务能力，甚至是剥夺其他小农户和微小农业生产商的借贷机会。而且，一部分小贷公司和村镇银行等都有尽快做大做强的想法，在农村地区还存在很多信贷配给的情况下，就想离开农村借贷市场，这也违背了当初建立这些新型农村金融机构的初衷。

尽管中国金融部门在最近几十年中进行的改革速度很快，但农村金融部门的改革却相对滞后，这加剧了农村与城市之间的经济差距。培育农村金融机构对中国而言极其重要。只有这样，农民和当地各类涉农企业才能获得外部投资和金融服务，为当地社会经济发展做出贡献。建立一个全新的金融体系将确保所有公民都能享受到国家经济快速发展带来的益处。农村金融机构只有了解农村客户需求，才能提供最佳的服务，并对借贷进行更好的监督。到目前为止，一直是大型城市银行位于农村的支行在服务于农村客户，但这些银行的成本和风险都比较高。在中国城市运作良好的金融实践经验在广阔的农村地区的实行效果往往不佳，因为农村的个人、小型企业和农场需要不同的金融产品，与城市客户相比，这些农村客户的资产较少，或资产类型完全不同。服务农村客户的小型信贷机构和许多民间非正规金融机构，会与当地银行之间形成竞争，而且这些机构更具灵活性，能够更好地满足当地的金融和投资需求。当地的正规金融机构（如信用合作社）

可以利用当地资金来满足当地需求。同时，农村贷款单位也能够通过民间渠道（如合作社）筹集资金，从而以更低的成本提供金融服务。

7.5　结论性评论

理论分析表明，伴随着农户借贷行为的变迁过程，不同农户之间的借贷行为具有明显的分化特征，这种分化因物质资本拥有量不同而得到强化，由于转型时期农村金融市场机制的不完善，作为非正式制度的社会资本对农户借贷行为分化起着重要作用。为了验证上述判断，本章运用全国八省的农户实地调查数据，在将资本划分为物质资本和社会资本的基础上，构建计量经济模型分析了资本对农户借贷行为分化的影响，并得到以下基本结论：通过控制住农户基本特征变量和控制变量的可能影响，物质资本和社会资本对农户借贷行为分化起着重要的作用，特别是将社会资本纳入农户借贷行为的分析框架之后发现，这种处理可以更好地从理论上解释不同农户的借贷行为差异。上述研究结论为进一步探索发挥社会资本的积极作用，进而构建农户与农村正规金融机构之间的信息传递渠道，缓解双方信息不对称具有积极意义。

大量研究表明，信息不对称是导致农户信贷约束的关键因素之一。根据本章的研究结果，物质资本与社会资本对农户借贷行为分化具有显著影响，目前中国正处于社会经济转型时期，市场机制尚不完善，社会资本在解决农户借贷难问题中起着十分重要的作用。由于农村金融市场的有效供给不足，小规模经营的农户难以获得必要的金融支持，在这种情况下，农户所拥有的各种社会资本起着重要的信号传递作用，这直接降低了农村地区金融机构对农户的信息不对称程度。借助社会资本，农村地区金融资金供给方，特别是信息劣势较为明显的各类正规金融机构，能够更加有效地对农户进行信息甄别，从中筛选出真正符合贷款条件的农户，进而提高金融机构对农户的放贷意愿。

因此，进一步深入系统研究和发挥农户社会资本的信号传递作用，根据不同类型社会资本的特点和作用机制，设计和构建农户与农村地区正规金融机构的信息传输渠道，逐步形成稳定有序高效的信息沟通机制。它是实现正规金融机构以较低成本获取农户信息，并进行有效甄别的重要途径。这将有助于扩大农村正规金融机构的农户信贷空间，使其在更高水平上寻求自身收益最大化与支农目标的平衡，从根本上缓解目前农户在农村金融市场特别是来自正规金融机构信贷约束的困境。

第 8 章

研究结论与政策建议

8.1 研究结论

8.1.1 中国农户借贷行为变迁总体趋势

1. 农户个体及家庭特征发生明显变化

首先，全国农户平均家庭常住人口和农村人口呈比较明显的下降趋势，农村人口占家庭常住人口比例和农村劳动力占家庭劳动力比例稳中有降，而农村劳动力则略有波动，近年来有逐渐上升趋势。其次，全国农村劳动力中文盲半文盲和小学文化程度的人数呈稳定下降趋势，初中文化程度人数呈比较明显的上升趋势，高中文化程度人数稳步上升。最后，全国有技术特长农村劳动力人数总体上在缓慢下降，受过职业教育或培训的农村劳动力人数在不断上升；农户家庭年内雇请临时工人数明显增加，年内雇请长工人数表现出明显的波动性。

2. 农户借贷行为变迁的基本趋势

首先，农户年末借贷结存规模扩大化。农户年末借出款余额保持较快增长，年末借入款余额保持快速增长，其中，银行和信用社贷款也保持较快增长。其次，农户借贷用途生产化。生活性借款是农户借贷的主要用途；生产性借款规模稳步提高，在农户借贷中的比例总体上在提高，但增长速度相对缓慢，其中用于农林牧渔业的借款比例相对稳定。最后，农户借贷来源正规化。私人借款是农户最重要借贷来源，且无息借款占据绝对优势地位；银行和信用社贷款在波动中保持较快增长。

3. 农户借贷行为变迁存在比较明显的区域差异

首先，农户年末借贷结存的区域差异显著。三大区域农户年末借出款余额总体上呈上升趋势，且东部地区快于中部地区，中部地区快于西部地区；年末借入款余额均呈快速上升趋势，来自银行和信用社的贷款规模总体上在上升，且东部地区要高于中部地区，中部地区高于西部地区。其次，农户借贷用途的区域差异不大。三大区域农户生活性借款规模均保持快速增长，其所占比例总体上均呈不断上升趋势；而生产性借款规模总体上增长缓慢，其所占比例总体上稳中有降，其中，用于农林牧渔业的借款规模和比例表现出一定的波动性特征。最后，农户借贷来源的区域差异不明显。私人借款是三大区域农户的最重要借贷来源，且无息借款占据绝对优势地位。东部地区农户银行和信用社贷款增长具有明显的波动性，在波动中保持较快增长；中部地区农户银行和信用社贷款规模和所占比例总体上均呈明显下降趋势；西部地区农户银行和信用社贷款规模和所占比例均呈不断上升趋势。

8.1.2 中国农户借贷行为分化基本特征

1. 不同农户的个体及家庭特征总体上存在明显差异

农户个体特征方面，户主年龄分布相对集中，以中年为主；文化程度分布主要集中在初中及以下，文化水平总体偏低；拥有党员身份或担任乡村干部的农户所占比例较低；半数以上农户有外出打工经历或专业技能。农户家庭特征方面，总人口数差别不大，总收入分布存在一定差异，半数以上的样本农户具有比较明显的兼业化现象，农户家庭耕地面积以小规模经营为主，农户家庭生活开支和生产开支存在比较明显的差异，农户家庭固定资产分布呈比较明显的两极分化态势。

2. 农户借贷行为具有显著的分化特征

一是农户借贷规模大小。总体上，农户借贷规模分布比较分散，覆盖范围比较广泛，这初步证实了农户借贷行为存在明显的分化现象；获得借贷的农户受到信贷配给的比例并不高。二是农户借贷用途分布。农户借贷资金的最主要用途是生活性支出，在总支出中占据绝对优势地位。三是农户借贷来源占比。无论是实际借贷情况，还是农户期望的借贷情况，非正规渠道仍是农户实际借贷的主要来源，农村信用社是农户正规借贷渠道的最重要来源。四是农户借贷期限长短。农户实际借贷期限以 1 年以内的短期为主，与农户期望的借贷期限有明显差距。五是农户借贷条件要求。无息借贷仍是当前农户借贷的普遍现象，大多数农户在借贷时需要签订合同或提供借条，多数农户在借贷时需要有人担保，绝大多数农户能及时获得借款。

3. 不同类型农户借贷行为存在比较明显的分化特征

第一，不同文化程度的农户借贷规模分布总体上比较平均，覆盖范围比较广泛，表明文化程度并没有对农户借贷规模产生明显作用；农户借贷用途存在一定差异，文化程度越高的农户，借贷资金用于生产性支出的农户比例越高；农户借贷来源差异比较明显，文化程度高的农户更加倾向于从正规借贷渠道获得借贷资金。

第二，不同经营规模的农户借贷规模存在一定差异，借贷用途均以生活性支出为主，且显著高于生产性支出，经营规模越大的农户用于生产性支出的比例越高；借贷来源总体上比较一致，最主要来源分别为亲戚、邻居和农村信用社。

第三，不同兼业程度的农户借贷规模分布总体上比较一致，兼业程度对农户借贷规模的作用不明显；借贷用途均以生活性支出为主，占据绝对主导地位，兼业程度对农户借贷用途的作用总体上不明显；农户最主要借贷来源均是亲戚，且占据绝对优势地位，兼业程度对农户借贷来源的作用总体上不明显。

第四，不同收入水平的农户借贷规模分布存在较为明显的差异，随着收入水平的不断提高，农户借贷规模表现出明显的扩大趋势。借贷用途均以生活性支出为主，且占据绝对优势地位，随着收入水平的不断提高，借贷资金用于生产性支出的农户比例也迅速提高。农户最重要借贷来源均为亲戚，且处于明显优势地位，收入水平越高，越容易获得农村信用社等正规金融机构的借贷支持；与中高收入农户相比，低收入农户借贷来源更加依赖邻居。

第五，不同固定资产的农户借贷规模分布有一定差异，覆盖范围比较广泛，随着固定资产水平的提高，农户对小规模借贷需求明显下降，对大规模借贷需求明显上升。农户借贷用途均以生活性支出为主，且占有绝对优势；随着固定资产水平的提高，借贷资金用于生产性支出的农户比例显著提高。农户最重要借贷来源是亲戚，但随着固定资产水平的不断提高，亲戚在农户借贷来源中所占比例明显下降，邻居所占比例有一定幅度的下降，而农村信用社所占比例则迅速提高。

8.1.3 农户借贷行为变迁的作用机制

1. 物质资本显著影响农户借贷行为变迁

一方面，固定资产对农户借贷行为变迁具有显著作用。具体而言，随着固定资产水平的提高，农户借贷规模不断扩大，生产性借贷支出显著增加，正规金融借贷重要性快速上升。理论上，随着经济发展和收入水平的提高，农户资本积累量也在提高，其投资方式和投资规模均发生相应变化，对借贷资金的需求量也相应提高，从而使生产性支出的扩大成为可能，由此促进家庭收入增长，在更高水平上增进家庭总福利。从实际情况来看，农户拥有的固定资产可以很好地充当抵押品，并对资金供给方形成较好的收入预期，降低农户进入农村金融市场的准入门槛，因而比较容易得到借贷资金，特别是对于那些固定资产水平更高的农户，更容易进入良性循环。

另一方面，耕地面积对农户借贷行为变迁的作用总体上不明显。具体来讲，随着耕地面积的增加，农户借贷规模并未明显扩大，生产性借贷支出有一定提高，正规金融机构借贷重要性明显上升。农户经营规模决定了其农业生产投资规模，相应的资金需求有限，真正需要从外部借贷来完成农业生产的往往是一少部分大规模经营农户。尽管土地不能成为抵押品，却可以起到传递信息的作用，形成对农户的某种收入预期，降低违约风险，有利于提高农户被正规金融机构认可的概率。

2. 市场化显著影响农户借贷行为变迁

从动态视角来看，随着市场化程度的不断提高，农户借贷规模在不断扩大，生产性借贷支出显著增加，正规金融借贷重要性明显上升。在市场化的作用下，农村金融市场得到发展，供给增加，在一定程度上缓解了借贷双方的供求矛盾；而农户生产积极性被激发出来，可以直接面对要素和产品市场，由此寻求并优化决策，实现最佳的家庭资源配置。

3. 市场化强化了物质资本对农户借贷行为变迁的影响

具体而言，一方面，随着市场化程度的提高，固定资产对扩大农户借贷规模的作用越来越重要，对农户生产性借贷支出具有显著的促进作用，可以比较明显地增加农户的正规金融借贷机会。对于那些拥有较多固定资产的农户而言，市场化将增加农村金融供给总量，为农户提供更为有利的农村金融市场环境，从而在更大限度上释放固定资产的回报率，这促使农户形成和实现更大规模的借贷活动。

另一方面，总体来看，随着市场化程度的提高，耕地面积扩大对农户借贷规模提高、生产性借贷支出上升和正规借贷来源机会增加的作用不明显，这可能与土地本身目前尚未成为农村金融市场的有效抵押品有关，并受到农业生产投入规模的影响。

8.1.4 农户借贷行为分化的作用机制

1. 物质资本显著影响农户借贷行为分化

一方面，固定资产对农户借贷规模、借贷用途和家庭收入的影响均显著为正，对农户借贷来源的影响显著为负。在农村地区普遍缺少有效抵押品的情况下，拥有较多家庭固定资产的农户在借贷时，更容易获得资金支持，特别是对于放贷条件要求比较高的各类正规金融机构而言；同时，固定资产水平也是农户家庭实力的重要体现，这往往与较高的生产经营能力和投资意愿相对应，因而对借贷资金需求比较大。

另一方面，耕地面积对农户借贷规模和借贷用途的影响显著为正。耕地面积较大的农户往往表现出较大的借贷规模，且以生产性用途为主，这可能和土地生产经营投入的资金需求量有关。耕地面积可以成为正规金融机构观测农户信息的重要参考，由此获得较多的正规金融借贷支持，在现行政策环境下，土地并不能直接充当抵押品，且来自农业生产特别是土地经营的收入在农户家庭总收入中的比例有限，因而降低了农户被正规金融机构接受的机会，这从农户借贷来源以非正规金融为主也可以得到验证。

2. 社会资本显著影响农户借贷行为分化，但不同类型社会资本的作用存在明显差异

（1）政治关系。党员身份对农户借贷来源的影响显著为负，对借贷规模、借贷用途和家庭收入的影响不显著。拥有党员身份并不能直接促进农户借贷规模的扩大和家庭收入水平的提高，但农户借贷资金用于生活性支出的比例有上升趋势。乡村干部身份显著影响农户借贷规模、借贷来源和家庭收入，对农户借贷用途的影响不显著。担任乡村干部的农户往往表现出较大的借贷规模，且这些借贷资金更多地是用于生产性支出，正规金融市场对这一类型的农户起着更为重要的作用，并最终促进农户家庭收入水平的提高。

（2）农民专业合作组织关系。加入农民专业合作组织显著影响农户借贷用途，但对农户借贷规模、借贷来源和家庭收入的影响不显著；加入农民专业合作组织的农户更倾向于将借贷资金用于生产性支出。农业技术指导次数显著影响农户借贷规模、借贷用途、借贷来源和家庭收入。

（3）正规金融机构关系。农村信用社社员身份显著影响农户借贷规模和借贷来源，但对农户借贷用途和农户家庭收入的影响不显著；正规金融机构贷款经历显著影响农户借贷规模、借贷用途、借贷来源和家庭收入。

（4）亲戚关系。亲戚数量显著影响农户借贷规模和借贷用途，对农户借贷来源和家庭收入的影响不显著；亲戚间信任程度显著影响农户借贷规模、借贷用途、借贷来源和家庭收入。

（5）邻里关系。邻里间和睦程度显著影响农户借贷来源和家庭收入，对农户借贷规模和借贷用途的影响不显著；邻里间信任程度显著影响农户借贷规模、借贷用途和借贷来源。

3. 社会资本与物质资本的交互项

（1）政治关系与物质资本的交互作用。随着农户固定资产和耕地面积的扩大，党员身份的作用不会显著减弱，也不会显著增强，即农户借贷有所扩大，生产性用途有所增加，非正规借贷依然比较重要，并带来一定的家庭收入水平提高；乡村干部身份的作用总体上明显增强，促进了农户借贷规模的扩大，生产性用途明显增加，家庭收入水平提高，但固定资产较多的农户相对偏向正规借贷，而耕地面积较大的农户相对偏向非正规借贷。

（2）农民专业合作组织关系与物质资本的交互作用。加入农民专业合作组织后，固定资产水平高的农户借贷规模和家庭收入并未明显扩大，生产性借贷支出显著提高，且以正规借贷为主；耕地面积大的农户借贷规模明显上升，借贷用途相对偏向于生产性支出，借贷来源相对偏向于非正规借贷。随着农业技术指导次数的增加，固定资产水平高的农户借贷规模显著扩大，且以生产性支出为主，借贷来源相对偏向于正规借贷，家庭收入有所提高；耕地面积大的农户借贷规模和家庭收入显著提高，且以生产性支出为主，并显著依赖于正规借贷。

（3）正规金融机构关系与物质资本的交互作用。拥有农村信用社社员身份时，固定资产水平高的农户借贷规模和家庭收入显著提高，且以生产性借贷为主，并显著依赖于正规借贷；耕地面积大的农户借贷规模和家庭收入没有明显提高，但生产性借贷支出显著提高，借贷来源相对偏向于正规借贷。具有正规金融机构贷款经历时，固定资产水平高的农户借贷规模和生产性借贷支出显著提高，借贷来源明显偏向于正规借贷；耕地面积大的农户借贷规模、生产性借贷支出和家庭收入水平显著提高，借贷来源明显偏向于非正规借贷。

（4）亲戚关系与物质资本的交互作用。随着经常来往亲戚数量的增加，固定资产水平高的农户借贷规模、生产性借贷支出和家庭收入水平显著提高，借贷来源明显偏向于非正规借贷；耕地面积大的农户借贷规模没有明显变化，但生产性借贷支出和家庭收入水平显著提高，借贷来源明显偏向于非正规借贷。随着亲戚间信任程度的提高，固定资产水平高和耕地面积大的农户借贷规模和生产性借贷支出显著提高，借贷来源明显偏向于非正规借贷。

（5）邻里关系与物质资本的交互作用。随着邻里间和睦程度和信任程度的提高，固定资产水平高和耕地面积大的农户借贷规模没有发生明显变化，但生产性借贷支出显著提高，借贷来源明显偏向于非正规借贷。

8.2 政策建议

长期以来，中国农村地区民间借贷市场在解决农户融资方面起着重要作用，但又游离于政府的金融监管体系之外，这种监管缺乏带来了许多比较突出的问题，特别是近期在中国多个地方发生的民间借贷案例，引发了对这一问题的高度关注。因此，积极采取措施，规范中国农村地区民间借贷市场，不仅有利于民间借贷市场的持续健康发展，也有利于保护借贷双方，特别是处于相对弱势的分散农户的合法利益，为中国农业和农村经济发展提供有效的金融支持。

8.2.1 深化三位一体的农村金融改革

一是资金需求层面，提高农户对社会资本的关注，要农户不仅在物质资本上有所积累，也要对社会资本有相应的积累。社会资本不是简单农户所认为的人情往来和请客送礼，而是可以转化为资源的社会关系网络。

二是资金供给方层面，在农户信贷产品上多开发新的金融产品，着重金融创新。要让金融机构开发出可以对社会资本进行规范化衡量的体系，而不是在规则之外滥用人情关系。拓展金融服务范围，深化金融服务内涵。即一些深入农村地区的小型银行机构，其服务项目不能仅局限于资金融通的范畴，还需要扩展到帮助农户提高资本利用效率。例如，帮助农户介绍新项目、推广新技术等，既能够对其所借贷出去的资金投资方向进行跟踪，从而进行动态风险控制，帮助农户更好地利用借贷资金，实现双赢。

三是国家政策层面，林毅夫的金融功能论同样适用于农村金融机构建设，即国家要对农村金融机构加强引导和市场分层。对于本书中所提到的规模化农户和类似于企业家的农户，他们完全可以进入商业化借贷的金融服务中去。但由于他们属于农村地区的"大客户"，一直成为众多农村金融机构争夺的重要客源，甚至彼此之间出现恶性竞争，而这种状况势必会挤占一部分小微客户（借贷金额较少、抵押品不足、成本高、风险大和收益小的"散户"）利益，不利于发展农村整体经济和提高农户整体收入水平。但由于资本的逐利性，单靠金融机构本身不可能实现自我行为的有效约束。因此，各级政府要出台更为清晰和严格的调控手段，保证不同资本水平的农户均有不同层次的金融机构提供所需要的金融服务，最终更好地推进农村金融改革。

8.2.2 推进农村金融市场分层

从供给视角来看，当前中国农村金融市场已经初步形成多元化格局，但农村地区的融资难特别是农户融资难问题依然十分突出。从地区视角看，由诸多因素所造成的地区差距已经成为中国社会经济发展中的突出问题，且这种差距并没有明显的缩小趋势，与此相对应，不同地区农户借贷需求也存在较大差异，这是中国农村金融市场发展过程中必须面对和解决的问题。从农户本身来看，目前中国农户内部已经出现明显的分化现象，进而形成不同的金融需求结构，但总体上从正规金融市场融资仍然存在较多问题。

综合上述分析，有必要推进中国农村金融市场分层，构建对应不同区域和农户类型的农村金融市场供给格局，有效解决农户金融需求问题。为此，一方面，要系统梳理现行农村政策性金融、商业性金融、合作性金融、新型农村金融与农村民间金融等的市场定位，进一步明确其行为边界，形成合力分工与有效协作的农村金融市场结构；另一方面，要以服务农村为基本导向，整合农村地区各类金融供给主体的资源，合理利用自身优势，准确定位自己的目标市场，在提高自身市场份额和盈利能力的同时，真正承担起应有职能。

8.2.3　提高农户组织化程度

理论研究和经验分析均表明，与分散经营的小农户相比，组织化程度较高的农户在农村金融市场融资时往往更具有优势，这主要是因为后者在很大程度上降低了农户与农村金融供给方之间的信息不对称，由此降低交易成本，提高了农村金融市场交易效率。

为此，一方面，应鼓励农业企业和农民专业合作组织等各类涉农机构，以灵活多样的形式引导农户参与组织化生产和产业化经营，提高农户参与程度；另一方面，应当支持农户自我联合所形成的各类生产经营主体，发挥自下而上的积极作用，在应对大市场与小农户冲突的同时，促进农户与农村金融机构之间的信息交流，增加融资机会。

8.2.4　完善农户信用评价体系

农户信用信息难以收集和评价是农村地区正规金融机构惜贷甚至是不贷的重要原因。尽管农户信用评价这一工作具有很大的实施难度，但从长期来看，这是从根本上解决农户融资难问题有效而重要的路径之一。

从实践来看，中国辽宁省和安徽安庆市等地方已经开始尝试建立农户信用评价体系，由此搭建农村金融机构与农户之间的信息交流和共享平台，为解决农户贷款难问题和促进农村经济发展提供了很好的试验，值得关注、分析、总结和推广。

参 考 文 献

［1］ Adams J. 1986. Peasant Rationality: Individuals, Groups, Cultures. *World Development*, 14 (2), 273－282.

［2］ Alchian A. 1950. Uncertainty, Evolution and Economic Theory. *Journal of Political Economics*, 58 (3), 211－221.

［3］ Aleem I. 1993. Imperfect Information, Screening, and the Costs of Informal Lending: A Study of a Rural Credit Market in Pakistan. In: Hoff K, Braverman A, Stiglitz J. (Eds.) *The Economics of Rural Organization: Theory, Practice, and Policy*. New York: Oxford University Press for the World Bank.

［4］ Arrow K J. 1951. An Extension of the Basic Theorems of Classical Welfare Economics. In Neyman J. (Eds.) *Proceedings of the Second Berkley Symposium of Mathmatical Statistics*. Berkley: University of California.

［5］ Aryeetey E. 1997. Rural Finance in Africa: Institutional Developments and Access for the Poor. *Annual World Bank Conference on Development Economics* 1996. The International Bank for Reconstruction and Development/The World Bank, Washington D C.

转型时期中国农户借贷行为演变研究——基于变迁与分化视角

[6] Aryeetey E. 2005. Informal Finance for Private Sector Development in Sub SaharanAfrica. *Journal of Microfinance*, 7 (1), 1 - 26.

[7] Balogun O L, Yusuf S A, OmononaB T, Okoruwa V O. 2011. Social Capital and Microcredit Effects on Poverty among the Rural Households in South West States, Nigeria. *ARPN Journal of Agricultural and Biological Science*, 6 (3), 48 - 59.

[8] Banerjee A. 2003. Contracting Constraints, Credit Markets, and Economic Development. In Dewatripont M, Hansen L, Turnovsky P. (Eds.) *Advances in Economics and Econometrics: Theory and Applications, Eighth World Congress*. Cambridge UK: Cambridge University Press.

[9] Barro R. 1976. The Loan Market, Collateral, and the Rate of Interest. *Journal of Money, Credit and Banking*, 8 (4), 439 - 456.

[10] Bell C, Srinivasan T N, Udry C. 1997. Rationing, Spillover and Interlinking in Credit Markets: the Case of Rural Punjab. *Oxford Economic Papers*, 49 (4), 557 - 587.

[11] Bell C. 1993. Interactions between Institutional and Informal Credit Agencies in Rural India. In: Hoff K, Braverman A, Stiglitz J. (Eds.) *The Economics of Rural Organization: Theory, Practice, and Policy*. New York: Oxford University Press for the World Bank.

[12] Besley T, Stephen C. 1995. Group Lending, Repayment Incentives and Social Collateral. *Journal of Development E-*

conomics, 46 (1), 1 - 18.

[13] Bester H. 1985. Screning versus Rationing in Credit Markets with Imperfect Information. *American Economic Review*, 75 (4), 850 - 855.

[14] Biggart N W, Castanias R P. 2001. Collateralized Social Relations: The Social in Economic Calculation, *American Journal of Economics and Sociology*, 60 (2), 471 - 500.

[15] Binswanger H P, Khandker S R. 1995. The Impact of Formal Finance on the Rural Economy of India. *Journal of Development Study*, 32 (2), 234 - 262.

[16] Binswanger H P, Sillers D A, 1983. Risk Aversion and Credit Constraints in Farmers' Decision-making: A Reinterpretation. *Journal of Development Studies*, 20 (1), 5 - 21.

[17] Bliss C J, Stern N. 1982. *Palanpur: the Economy of an Indian Village*. Oxford UK: Oxford University Press.

[18] Bond P, Townsend R. 1997. Formal and Informal Financing in a Chicago Ethnic Neighborhood. *Economic Perspectives*, 20 (4), 3 - 27.

[19] Bourdieu P. 1986. The Forms of Capital. In Richardson J (Eds.) *Handbook of Theory and Research for the Sociology of Education*. New York: Greenwood.

[20] Coleman J S. 1988. Social Capital in the Creation of Human Capital. *American Journal of Sociology*, 94 (s), 95 - 120.

[21] Coleman J S. 1990. *Foundations of Social Theory*. Cambridge MA: Harvard University Press.

[22] De Alessi L. 1983. Property Rights, Transaction Costs, and X-

efficiency. *American Economic Review*, 73 (2), 64 – 81.

[23] Diagne G Y. 1997. *Impacts Potentiels des Changements Climatiques Sur La Production Alimentaire au Sénégal*: *Synthèse des Résultats*. ENDA Programme Energie, Dakar.

[24] Dillon J L, Scandizzo P L. 1978. Risk Attitudes of Subsistence Farmers in North East Brazil: A Sampling Approach. *American Journal of Agricultural Economics*, 60 (3), 425 – 435.

[25] Durlauf S N, Marcel F. 2004. *Social Capital*. NBER Working Paper, No. 10485.

[26] Edgeworth F. 1881. *Mathematical Psychics*. London: Kegan Paul.

[27] Evans D, Jovanovic B. 1989. An Estimated Model of Entrepreneurial Choice under Liquidity Constraints. *Journal of Political Economy*, 97 (4), 808 – 827.

[28] Feder G, Lawrence J L, J Y Lin, X Luo. 1990. The Relationship between Credit and Productivity in Chinese Agriculture: A Microeconomic Model of Disequilibrium. *American Journal of Agricultural Economics*, 72 (5), 1151 – 1157.

[29] Freimer M, Gordon M. 1965. Why Banks Ration Credit. *Quarterly Journal of Economics*, 79 (3), 497 – 514.

[30] Fried J, Howitt P. 1980. Credit Rationing and Implicit Contract Analysis. In Tobin J. (Eds) *Macroeconomics*, *Prices and Quantities*: *Essays in Memory of Arthur Okun*. Washington DC: Brookings Institution.

[31] Giné X. 2010a. *Access to Capital in Rural Thailand*: *An*

Estimated Model of Formal vs. Informal Credit. Mimeo, World Bank.

[32] Giné X. 2010b. Land Security in Rural Thailand: Evidence from a Property Rights Reform. Mimeo, World Bank.

[33] Gouldner A W. 1960. The Norm of Reciprocity: A Preliminary Statement. *American Sociological Review*, 25 (2), 161－178.

[34] Hassan M K. 2002. The Microfinance Revolution and the Grameen Bank Experience in Bangladesh. *Financial Markets*, *Institutions & Instruments*, 11 (3), 205－265.

[35] Hayek F. 1967. *Studies in Philosophy*, *Politics*, *and Economics*. London: Routledge & Kegan Paul.

[36] Hiebert L D. 1974. Risk, Learning, and the Adoption of Fertilizer Responsive Seed Varieties. *American Journal of Agricultural Economics*, 56 (4), 764－768.

[37] Hodgman D. 1980. Credit Rationing at Commercial Banks. *Quarterly Journal of Economics*, 74 (2), 258－278.

[38] Huck P, Rhine S, Bond P, Townsend R. 1999. Small Business Finance in Two Chicago Minority Neighborhoods. *Economic Perspectives*, 23 (2), 46－62.

[39] Impavido G. 1998. Credit Rationing, Group Lending and Optimal Group Size. *Annals of Public and Cooperative Economics*, 69 (2), 243－260.

[40] Jain S, Mansuri G. 2003. A Little at a Time: The Use of Regularly Scheduled Repayments in Microfinance Programs. *Journal of Development Economics*, 72 (1), 253－279.

[41] Jacobs J. 1961. *The Death and Life of Great American Cities*. New York: Random House (1993 reprinted).

[42] Janvry A. 1972. Optimal Levels of Fertilization under Risk: The Potential for Corn and Wheat Fertilization under Alternative Price Policies in Argentina. *American Journal of Agricultural Economics*, 54 (1), 1 - 10.

[43] Jeffee D, Russel T. 1976. Imperfect Information, Uncertainty, and Credit Rationing. *Quarterly Journal of Economics*, 90 (4), 651 - 666.

[44] StiglitzJ E. 1990. *Incentives, Information, and Organizational Design*. NBER Working Papers, No. 2979.

[45] Kane E, Russel T. 1965. Bank Portfolio Allocation, Deposit Variability, and the Availability Doctrine. *Quarterly Journal of Economics*, 79 (2), 113 - 134.

[46] Karlan D S. 2007. Social Connections and Group Banking. *Economic Journal*, 117 (517), 52 - 84.

[47] Keynes J M. 1930. *A Treatise on Money*. London: Macmillan.

[48] Khandker S R, Pitt M M. 2003. *The Impact of Group-based Credit on Poor Households: An Analysis of Panel Data from Bangladesh*. World Bank, Washington D C.

[49] Khanh H L P. 2011. *The Role of Social Capital to Access Rural Credit: A Case Study at Dinh Cu and Van Quat Dong Village in Coastal Area of Thua Thien Hue Province*, Master Thesis No. 56, University of Southampton.

[50] Kirzner I M. 1973. *Competition and Entrepreneurship*. Chi-

cago: University of Chicago Press.

[51] Knack S, Keefer P. 1997. Does Social Capita l Have an Economic Payout? A Cross Country Investigation. *Quarterly Journal of Economics*, 112 (4), 1251–1288.

[52] Kochar A. 1995. Explaining Household Vulnerability to Idiosyncratic Income Shocks. *American Economic Review*, 85 (2), 159–164.

[53] Levi J, Havinden M. 1982. *Economics of African agriculture*. London: Longman.

[54] Lin N. 2001. *Social Capital: A Theory of Social Structure and Action*. Cambridge: Cambridge University Press.

[55] Lipton M. 1968. The Theory of the Optimizing Peasant. *Journal of Development Studies*, 4 (3), 327–351.

[56] Lipton M. 1979. Agricultural Risk, Rural Credit, and the Inefficiency of Inequality. In Roumasset J A et al., (Eds.) *Risk, Uncertainty and Agricultural Development*. New York: Agricultural Development Council.

[57] Low A. *Agricultural Development in Southern Africa: A Household-economics Perspective on the Food Crisis*. London: James Currey Publisher. 1986.

[58] Mellor J W. 1963. The Use and Productivity of Farm Family Labor in Early Stages of Agricultural Development. *Journal of Farm Economics*, 45 (3), 517–533.

[59] Menger C. 1963. *Problems of Economics and Sociology*. Urbana: University of Illinois Press.

[60] Morduch J. 1998. *Does Microfinance Really Help the Poor?*

New Evidence from Flagship Programs in Bangladesh. Department of Economics and HIID, Harvard University.

[61] Nahapiet J, Ghoshal S. 1998. Social Capital, Intellectual Capital and the Organizational Advantage. *Academy of Management Review*, 23 (2), 242 – 266.

[62] Nakajima C. 1970. *Subsistence and Commercial Family Farms : Some Theoretical Models of Subjective Equilibrium. In Wharton C R. (Eds.) Subsistence Agriculture and Economic Development*. London: Frank Cass & Co.

[63] Nelson R, Winter S G. 1982. *An Evolutionary Theory of Economic Change*. Cambridge MA: Harvard University Press.

[64] Norman D W. 1977. Economic Rationality of Traditional Hausa Dryland Farmers in the North of Nigeria. In Stevens R D. (Eds.) *Tradition and Dynamics in Small-farm Agriculture : Economic Studies in Asia, Africa and Latin America*. Ames: Iowa State University Press.

[65] Norman D W. 1974. Rationalising Mixed Cropping under Indigenous Conditions: The Example of Northern Nigeria. *Journal of Development Studies* 11 (1), 3 – 21.

[66] Parikh A, Bernard A. 1988. Impact of Risk on HYV Adoption in Bangladesh. *Agricultural Economics*, 2 (2), 167 – 178.

[67] Pischke A D. 1987. *Rural Financial Markets in Developing Countries*. Johns Hopkins University Press.

[68] Pitt M, Khandker S. 1998. The Impact of Group-based Credit Programs on Poor Households in Bangladesh: Does

参考文献

the Gender of Participants Matter? *Journal of Political Economy*, 106 (5), 958 - 996.

[69] Platteau J P, Murickan J, Delbar E. 1985. *Technology, Credit and Indebtedness in Marine Fishing*. Hindustan Publishing Corporation, New Delhi, India.

[70] Putnam R D. 2002. *Democracies in Flux: The Evolution of Social Capital in Contemporary Society*. Oxford University Press.

[71] Rosa R V. 1951. Interest Rates and the Central Bank, in Waitzman H L. (Eds.) *Money, Trade, and Economic Growth: Essays in Honor of John H Williams*. New York: Macmillan.

[72] Saith A, Tankha A. 1972. Economic Decision-making of the Poor Peasant Household. *Economic and Political Weekly*, 7 (5 - 7), 351 - 360.

[73] Sangnier M. 2011. *The Co-evolution of Social Capital and Financial Development*. Paris School of Economics Working Paper, No. 2011 - 14.

[74] Schluter M G G, Mount T D. 1976. Some Management Objectives of the Peasant Farmer: An Analysis of Risk Aversion in the Choice of Cropping Patterns, Surat District, India. *Journal of Development Studies*, 12 (3), 246 - 261.

[75] Schultz T W. 1964. *Transforming Traditional Agriculture*. Yale University Press.

[76] Seibel H D, Llanto G, Quinones B. 2000. How Values Create Value: Social Capital in Microfinance-The Case of the

Philippines. *Policy Sciences*, 33 (3&4), 1 - 18.

[77] Sen A K. 1966. Peasants and Dualism with or without Surplus Labor. *Journal of Political Economy*, 74 (5), 425 - 450.

[78] Shapiro D. 1990. Farm Size, Household Size and Composition, and Women's Contribution to Agricultural Production: Evidence from Zaire. *Journal of Development Studies*, 27 (1), 1 - 21.

[79] Siamwalla A, Pinthong C, Poapongsakorn N, Satsanguan P, Nettayarak P, Mingma-neenakin W, Tubpun Y. 1993. The Thai Rural Credit System and Elements of a Theory: Public Subsidies, Private Information, and Segmented Markets. In Hoff K, Braverman A, Stiglitz J E. (Eds.) *The Economics of Rural Organization: Theory, Practice and Policy*. London: Oxford University Press.

[80] Simon H A. 1961. *Administrative Behavior* (2d ed.). New York: Macmillan.

[81] Smith A. 1776. *An Inquiry into the Nature and Causes of the Wealth of Nations*. Cannan E. (Eds.) London: Methuen, 1961.

[82] Stiglitz A J. (Eds.) 1993. *The Economics of Rural Organization: Theory, Practice, and Policy*. New York: Oxford University Press for the World Bank.

[83] Stiglitz J E, Weiss A. 1981. Credit Rationing in Markets with Imperfect Information. *American Economic Review*, 71 (3), 393 - 410.

[84] Thorner D, Kerblay B, Smith R E F. 1966. *Chayanov on*

参考文献

the *Theory of Peasant Economy*. Homewood, Illinois: Richard D Irwin.

[85] Udry C. 1994. Risk and Insurance in a Rural Credit Market: An Empirical Investigation in Northern Nigeria. *Review of Economic Studies*, 61 (3), 495-526.

[86] Viner J. 1937. *Studies in the Theory of International Trade*. New York: Harper & Brothers.

[87] Walker T, Ryan J. 1990. *Village and Household Economics in India's Semi-Arid Tropics*. Johns Hopkins University Press, Baltimore, Maryland.

[88] Wolgin J M. 1975. Resource Allocation and Risk: A Case Study of. Smallholder Agriculture in Kenya. *American Journal of Agricultural Economics*, 57 (5), 622-630.

[89] Yotopoulos P A. 1968. On the Efficiency of Resource Utilization in Subsistence Agriculture. *Food Research Institute Studies*, 8 (2), 125-135.

[90] Zeller M, Sharma M. 1998. *Rural Finance and Poverty Alleviation*. Food Policy Report, IFPRI.

[91] 白永秀, 马小勇. 农户个体特征对信贷约束的影响: 来自陕西的经验证据. 中国软科学, 2010 (9).

[92] 边燕杰, 丘海雄. 企业的社会资本及其功效. 中国社会科学, 2000 (2).

[93] 蔡秀, 肖诗顺. 基于社会资本的农户借贷行为研究. 农村经济与科技, 2009 (7).

[94] 陈劲, 李飞宇. 社会资本: 对技术创新的社会学诠释. 科学性研究, 2001 (3).

[95] 陈鹏，刘锡良. 中国农户融资选择意愿研究——来自 10 省 2 万家农户借贷调查的证据. 金融研究，2011 (7).

[96] 陈爽英，井润田，龙小宁，邵云飞. 民营企业家社会关系资本对研发投资决策影响的实证研究. 管理世界，2010 (1).

[97] 程恩江，刘西川. 小额信贷缓解农户正规信贷配给了吗？——来自三个非政府小额信贷项目区的经验证据. 金融研究，2010 (12).

[98] 程昆，潘朝顺，黄亚雄. 农村社会资本的特性、变化及其对农村非正规金融运行的影响. 农业经济问题，2006 (6).

[99] 程郁，韩俊，罗丹. 供给配给与需求压抑交互影响下的正规信贷约束：来自 1874 户农户金融需求行为考察. 世界经济，2009 (5).

[100] 程郁，罗丹. 信贷约束下中国农户信贷缺口的估计. 世界经济文汇，2010 (2).

[101] 褚保金，卢亚娟，张龙耀. 信贷配给下农户借贷的福利效果分析. 中国农村经济，2009 (6).

[102] 褚保金，卢亚娟，张龙耀. 农户不同类型借贷的需求影响因素实证研究——以江苏省泗洪县为例. 江海学刊，2008 (3).

[103] 丁志国，朱欣乐，赵晶. 农户融资路径偏好及影响因素分析——基于吉林省样本. 中国农村经济，2011 (8).

[104] 董晓林，杨小丽，胡睿. 经济欠发达地区农户信贷约束与农信社小额信贷——基于对江苏睢宁县的农户调查. 南京农业大学学报（社会科学版），2010 (2).

[105] 董志勇，黄迈. 信贷约束与农户消费结构. 经济科学，2010 (5).

[106] 费孝通. 费孝通文集（第 5 卷）. 北京群言出版社，1999.

[107] 冯旭芳. 贫困农户借贷特征及其影响因素分析——以世界

银行某贫困项目监测区为例. 中国农村观察，2007（3）.

[108] 格尔哈斯·伦斯基著. 关信平，沉重显，谢晋宇译. 权利与特权：社会分层的理论. 浙江人民出版社，1988.

[109] 葛永波，王家传，苑壮. 中国农村正规金融信贷效力考量. 农业经济问题，2010（12）.

[110] 宫建强，张兵. 农户借贷对其收入影响的实证分析——基于江苏农户调查的经验数据. 江苏社会科学，2008（3）.

[111] 韩俊，罗丹，程郁. 信贷约束下农户借贷需求行为的实证研究. 农业经济问题，2007（2）.

[112] 何广文. 从农户居民资金借贷行为看农村金融抑制与金融深化. 中国农村经济，1999（10）.

[113] 何军，宁满秀，史清华. 农户民间借贷需求及影响因素实证研究——基于江苏省 390 户农户调查数据分析. 南京农业大学学报（社会科学版），2005（4）.

[114] 何明生，帅旭. 融资约束下的农户信贷需求及其缺口研究. 金融研究，2008（7）.

[115] 贺莎莎. 农户借贷行为及其影响因素分析——以湖南省花岩溪村为例. 中国农村观察，2008（1）.

[116] 黄瑞芹，杨云彦. 中国农村居民社会资本的经济回报. 世界经济文汇，2008（6）.

[117] 黄晓红. 基于信号传递的农户声誉对农户借贷结果影响的实证研究. 经济经纬，2009（3）.

[118] 黄勇. 浅析农户社会资本对非正规信贷行为的影响. 金融理论与实践，2009（6）.

[119] 黄昭昭，林燕. 社会资本累积状态对家户福利影响的实证研究. 宏观经济研究，2010（11）.

转型时期中国农户借贷行为演变研究——基于变迁与分化视角

[120] 黄祖辉，刘西川，程恩江. 贫困地区农户正规信贷市场低参与程度的经验解释. 经济研究，2009（4）.

[121] 黄祖辉，刘西川，程恩江. 中国农户的信贷需求：生产性抑或消费性——方法比较与实证分析. 管理世界，2007（3）.

[122] 霍学喜，屈小博. 西部传统农业区域农户资金借贷需求与供给分析——对陕西渭北地区农户资金借贷的调查与思考. 中国农村经济，2005（8）.

[123] 纪志耿. 农户借贷动机的演进路径研究——基于三大"小农命题"的分析. 经济体制改革，2007（6）.

[124] 加里·斯坦利·贝克尔著，家庭论，王献生，王宇译. 商务印书馆，1998.

[125] 贾澎，张攀峰，陈池波. 基于农业产业化视角的农户融资行为分析——河南省农民金融需求的调查. 财经问题研究，2011（2）.

[126] 金烨，李宏彬. 非正规金融与农户借贷行为. 金融研究，2009（4）.

[127] 孔荣，Turvey C G. 中国农户经营风险与借贷选择的关系研究——基于陕西的案例. 世界经济文汇，2009（1）.

[128] 孔荣，Turvey C G，霍学喜. 信任、内疚与农户借贷选择的实证分析——基于甘肃、河南、陕西三省的问卷调查. 中国农村经济，2009（11）.

[129] 匡桦，李富有，张旭涛. 隐性约束、声誉约束与农户借贷行为. 经济科学，2011（2）.

[130] 黎翠梅，陈巧玲. 传统农区农户借贷行为影响因素的实证分析——基于湖南省华容县和安乡县农户借贷行为的调查. 农业技术经济，2007（5）.

[131] 李锐，李超. 农户借贷行为和偏好的计量分析. 中国农村经济，2007（8）.

[132] 李锐，李宁辉. 农户借贷行为及其福利效果分析. 经济研究，2004（12）.

[133] 李锐，项海容. 基于两期生命周期模型的农户金融行为的计量分析. 管理世界，2006（9）.

[134] 李晓明，何宗干. 传统农区农户借贷行为的实证分析——基于安徽省农户借贷行为的调查. 农业经济问题，2006（6）.

[135] 李延敏，罗剑朝. 中国农户借贷增长波动的周期性特征分析. 经济问题探索，2005（9）.

[136] 李延敏. 不同类型农户借贷行为特征. 财经科学，2008（7）.

[137] 李延敏. 中国农户借贷行为研究. 人民出版社. 2010.

[138] 林毅夫，孙希芳. 信息、非正规金融与中小企业融资. 经济研究，2005（7）.

[139] 刘成玉，黎贤强，王焕印. 社会资本与中国农村信贷风险控制. 浙江大学学报（人文社会科学版），2011（2）.

[140] 刘纯彬，刘俊威. 中部较发达地区农户借贷需求的影响因素研究. 经济经纬，2009（5）.

[141] 刘莉亚，胡乃红，李基礼，柳永明，骆玉鼎. 农户融资现状及其成因分析——基于中国东部、中部、西部千社万户的调查. 中国农村观察，2009（3）.

[142] 刘民权，徐忠，俞建拖. 信贷市场中的非正规金融. 世界经济，2003（7）.

[143] 刘适，文兰娇，熊学萍. 完全金融抑制下农户的信贷需求及其福利损失的实证分析. 统计与决策，2011（23）.

[144] 刘西川，程恩江. 贫困地区农户的正规信贷约束：基于配

给机制的经验考察. 中国农村经济，2009（6）.

[145] 刘西川，黄祖辉，程恩江. 贫困地区农户的正规信贷需求：直接识别与经验分析. 金融研究，2009（4）.

[146] 罗纳德·I·麦金农著，卢骢译. 经济发展中的货币与资本. 上海三联书店，1988.

[147] 马克斯·韦伯著，阎克文译. 经济与社会（第 2 卷）. 上海人民出版社，2010.

[148] 马晓青，黄祖辉. 农户信贷需求与融资偏好差异化比较研究——基于江苏省 588 户农户调查问卷. 南京农业大学学报（社会科学版），2010（1）.

[149] 马晓青，朱喜，史清华. 信贷抑制与农户投资回报——云南、宁夏农户调查案例分析. 上海经济研究，2010（9）.

[150] 马永强. 中国农户融资现状与民间借贷偏好分析——来自全国农户借贷调查问卷. 经济学家，2011（6）.

[151] 潘海英，翟方正，刘丹丹. 经济发达地区农户借贷需求特征及影响因素研究——基于浙江温岭市的调查. 财贸研究，2011（5）.

[152] 秦建国，吕忠伟，秦建群. 中国西部地区农户借贷行为影响因素的实证研究——基于 804 户农户调查数据分析. 财经论丛，2011（3）.

[153] 秦建群，吕忠伟，秦建国. 农村二元金融结构与农户信贷渠道选择行为. 山西财经大学学报，2011a（9）.

[154] 秦建群，吕忠伟，秦建国. 农户分层信贷渠道选择行为及其影响因素分析——基于农村二元金融结构的实证研究. 数量经济技术经济研究，2011b（10）.

[155] 秦建群，吕忠伟，秦建国. 中国农户信贷需求及其影响因素

分析——基于 Logistic 模型的实证研究. 当代经济科学，2011c（5）.

[156] 秦建群，秦建国，吕忠伟. 农户信贷渠道选择行为：中国农村的实证研究. 财贸经济，2011d（9）.

[157] 史清华，万广华，黄珺. 沿海与内地农户家庭储蓄借贷行为比较研究——以晋浙两省 1986—2000 年固定跟踪观察的农户为例. 中国农村观察，2004（2）.

[158] 史清华. 农户家庭储蓄与借贷行为及演变趋势研究. 中国经济问题，2002（6）.

[159] 史清华. 农户借贷行为演变趋势比较研究——以 1986—2002 年浙江 10 村固定跟踪观察农户为例. 中国经济问题，2006（3）.

[160] 舒尔茨. 改造传统农业. 商务印书馆. 1964.

[161] 宋磊，李俊丽. 农户信贷需求与农村金融市场非均衡态势的实证分析——基于泰安市农户信贷供求现状的调查. 农业经济问题，2006（7）.

[162] 王定祥，田庆刚，李伶俐，王小华. 贫困型农户信贷需求与信贷行为实证研究. 金融研究，2011（5）.

[163] 王曙光，王东宾. 双重二元金融结构、农户信贷需求与农村金融改革——基于 11 省 14 县市的田野调查. 财贸经济，2011（5）.

[164] 吴典军，张晓涛. 农户的信贷约束——基于 684 户农户调查的实证研究. 农业技术经济，2008，（4）.

[165] 熊建国. 中国农户融资的现状分析与民间金融——来自江西省上饶市的个案调查与思考. 中国农村经济，2006（3）.

[166] 熊学萍，阮红新，易法海. 农户金融行为、融资需求及其融资制度需求指向研究——基于湖北省天门市的农户调查.

金融研究，2007（8）.

[167] 颜志杰，张林秀，张兵. 中国农户信贷特征及其影响因素分析. 农业技术经济，2005（4）.

[168] 杨栋，李四新. 原生性信贷与小农正规信贷的变迁：一个长期视角——基于天津农户正规信贷的调查与思考. 中国农村观察，2009（3）.

[169] 杨汝岱，陈斌开，朱诗娥. 基于社会网络视角的农户民间借贷需求行为研究. 经济研究，2011（11）.

[170] 叶静怡，刘逸. 欠发达地区农户借贷行为及福利效果分析——来自云南省彝良县的调查数据. 中央财经大学学报，2011（2）.

[171] 尹学群，李心丹，陈庭强. 农户信贷对农村经济增长和农村居民消费的影响. 农业经济问题，2011（5）.

[172] 曾学文，张帅. 中国农户借贷需求影响因素及差异性的实证分析. 统计研究，2009（11）.

[173] 张改清. 中国农村民间金融的内生成长——基于社会资本视角的分析. 经济经纬，2008（2）.

[174] 张建杰. 农户社会资本及对其信贷行为的影响——基于河南省 397 户农户调查的实证分析. 农业经济问题，2008（9）.

[175] 张建杰. 农户社会资本及其对农户非正规信贷行为的影响——基于河南农户调查的实证. 河南金融管理干部学院学报，2009（3）.

[176] 张俊生，曾亚敏. 社会资本与区域金融发展——基于中国省际数据的实证研究. 财经研究，2005（4）.

[177] 张龙耀，杨军，陈畅. 信贷需求、信贷交易成本与农村利率市场化——基于农户调查数据的经验分析. 财贸经济，

2011 (11).

[178] 张晓明, 陈静. 构建社会资本: 破解农村信贷困境的一种新思路. 经济问题, 2007 (3).

[179] 赵泉民, 李怡. 关系网络与中国乡村社会的合作经济——基于社会资本视角. 农业经济问题, 2007 (8).

[180] 赵晓菊, 刘莉亚, 柳永明. 正规金融与非正规金融合作会提高农户期望收益吗?——理论分析和实证检验. 财经研究, 2011 (4).

[181] 郑世忠, 乔娟. 农户社会资本及其对借贷行为的影响. 乡镇经济, 2007 (12).

[182] 钟春平, 孙焕民, 徐长生. 信贷约束、信贷需求与农户借贷行为: 安徽的经验证据. 金融研究, 2010 (11).

[183] 周脉伏, 徐进前. 信息成本、不完全契约与农村金融机构设置——从农户融资视角的分析. 中国农村观察, 2004 (5).

[184] 周天芸, 李杰. 农户借贷行为与中国农村二元金融结构的经验研究. 世界经济, 2005 (11).

[185] 周小斌, 耿洁, 李秉龙. 影响中国农户借贷需求的因素分析. 中国农村经济, 2004 (8).

[186] 周宗安. 农户信贷需求的调查与评析: 以山东省为例. 金融研究, 2010 (2).

[187] 朱喜, 李子奈. 农户借贷的经济影响: 基于 IVQR 模型的实证研究. 系统工程理论与实践, 2007 (2).

[188] 朱喜, 李子奈. 中国农村正式金融机构对农户的信贷配给——一个联立离散选择模型的实证分析. 数量经济技术经济研究, 2006 (3).

[189] 朱喜. 农户借贷的福利影响. 统计与决策, 2006 (20).